陈耿宣　姚茂敦　陈鼎◎著

疯狂的谷子

Goods

千亿市场的财富密码

电子工业出版社
Publishing House of Electronics Industry
北京·BEIJING

未经许可，不得以任何方式复制或抄袭本书之部分或全部内容。
版权所有，侵权必究。

图书在版编目（CIP）数据

疯狂的谷子：千亿市场的财富密码 / 陈耿宣，姚茂敦，陈鼎著． -- 北京：电子工业出版社，2025.3.
ISBN 978-7-121-24829-0

Ⅰ．F126.1

中国国家版本馆 CIP 数据核字第 2025EG0990 号

责任编辑：黄　菲　　文字编辑：刘　甜
印　　刷：三河市良远印务有限公司
装　　订：三河市良远印务有限公司
出版发行：电子工业出版社
　　　　　北京市海淀区万寿路 173 信箱　邮编：100036
开　　本：720×1000　1/16　印张：13　字数：216 千字
版　　次：2025 年 3 月第 1 版
印　　次：2025 年 3 月第 1 次印刷
定　　价：78.00 元

凡所购买电子工业出版社图书有缺损问题，请向购买书店调换。若书店售缺，请与本社发行部联系，联系及邮购电话：（010）88254888，88258888。
　　质量投诉请发邮件至 zlts@phei.com.cn，盗版侵权举报请发邮件至 dbqq@phei.com.cn。
　　本书咨询联系方式：1024004410（QQ）。

前言
Foreword

在现代消费社会，文化的边界越来越模糊。过去，消费往往基于物质需求或功能性的满足；而今天，我们的购买行为、消费决策，乃至整个经济生态，都已深深植根于情感、身份、认同等更为复杂的社会因素之中。而在这一切背后，二次元文化，作为一种跨越国界和语言的全球现象，悄然孕育出一种全新的商业模式——谷子经济。

我们称之为"谷子经济"，是因为它代表了一种既具备传统消费经济特征，又充满创新精神的新型经济形态。它不仅仅依赖于二次元文化的内容创作，更深深植根于情感消费、社群经济与品牌忠诚之中。在这股文化浪潮的推动下，二次元周边、虚拟偶像，甚至是二次创作的艺术品，已成为一种特殊的消费符号，承载了更多与个体身份、社交认同，甚至是文化归属感相关的非物质需求。

在本书的构思之初，我们便意识到，二次元经济并不是单纯的"亚文化"或"次文化"，它早已成为一种主流的、具有巨大市场潜力的经济体系。它的根源，不仅仅在于动漫和游戏等文化产品的高度工业化生产，更在于它通过情感和认同，将个体与文化符号、虚拟世界与现实世界紧密相连，进而激发庞大的消费动力。

或许，很多人不太理解，那些看似简单的动漫手办、二次创作的周边、虚拟偶像的演唱会门票，居然能够在短短几年内，迅速转化为一种

充满经济效益的"粉丝商品",并且迅速在全球范围内拥有广泛市场。那么,这种现象的背后,究竟隐藏着什么样的心理动因?为何粉丝能够在面对看似"非理性"的高溢价时,依然毫不犹豫地做出购买决策?更重要的是,这些看似个体化、情感驱动的消费行为,背后究竟有着怎样的经济逻辑?

带着诸多疑问,我们很想深入挖掘谷子经济的本质,希望通过本书,将这些表面上的消费行为,拆解成背后复杂的经济学、社会学与心理学机制,展现二次元经济如何在全球范围内从一个文化现象逐步转变为具有深远影响力的经济形态。

本书的目的是通过多角度的分析,为读者提供一套关于谷子经济的理论框架。这不仅仅是对二次元经济现象的剖析,更是对现代消费文化、社群经济乃至品牌营销等方面的深入探索。从情感经济学到沉没成本效应,从稀缺性效应到品牌忠诚度,本书力图将这些理论与实际案例相结合,为读者提供一种更加易懂的理解方式。

具体来说,本书共7章,首先从二次元文化的崛起与变迁入手,讲述这一文化现象如何从日本的动漫兴起,走向全球化并成为现代消费文化的主流。接着,分析谷子产品的多样化形态,包括从手办到虚拟偶像、数字艺术品等,通过具体案例探讨这些产品如何被塑造成粉丝情感的载体。随后,详细探讨粉丝经济的消费心理,从行为经济学角度,分析情感共鸣、认同感和沉没成本如何推动粉丝做出看似非理性的消费决策。

在本书的后半部分,我们还进行了更为深入的产业链分析,揭示谷子经济的全球化路径及其未来发展趋势。从国内到国际,从跨界合作到全新的商业模式,本书将尝试勾画出谷子经济在全球化浪潮中的发展轨迹,并探讨这一产业如何在不久的未来进一步扩展其市场边界。

希望这本书为读者提供的不仅仅是关于谷子经济的理论框架与分析

工具，更有对现代消费社会和文化消费本质的深刻思考。在这个数字化与全球化快速发展的时代，我们的消费行为早已不再是简单的物质交换，它们已变成了一种身份的表达、一种文化的认同，甚至是一种情感的投资。二次元经济，正是这种转变的一个缩影，展示了文化与经济、虚拟与现实、情感与理性之间微妙的交织。

随着时间推移，我国的谷子经济市场规模已经达到千亿级别。实际上，这不仅是粉丝经济的兴起，也折射出人们对情感与身份、认同与归属的深刻理解。它的成功不仅仅在于创造了巨大的市场，更在于为我们提供了一种全新的思考框架，让我们重新审视商业与文化的关系，理解为什么在这个瞬息万变的时代，情感共鸣已然成为最强大的消费动因。

撰写本书，源于对二次元文化和谷子经济的浓厚兴趣，也源于对这种现象背后更为深远的文化与经济变革的探索。期望读者在翻阅本书时，能够与我们一起走进这个看似虚拟却充满现实意义的世界，更好地把握当前社会变革中的文化与经济脉动。

目录 Contents

第一章 / Chapter 1
谷子经济起点：二次元文化

1.1　二次元的诞生与崛起 / 002
1.2　小众文化大逆袭 / 006
1.3　谷子经济的独特文化符号 / 011
1.4　二次元文化如何融入日常生活 / 015

第二章 / Chapter 2
打破次元壁的谷子产品

2.1　动漫周边：连接虚拟与现实的桥梁 / 022
2.2　游戏与互动：赋予角色更多生命 / 035
2.3　谷子产品的游戏化消费 / 039
2.4　动画音乐与演唱会：声与影的沉浸式体验 / 043
2.5　数字商品：虚拟资产的价值 / 047
2.6　谷子产品如何俘获年轻人的心 / 050

第三章 / Chapter 3
IP是怎样炼成的

3.1 从构想到成品：IP的诞生过程 / 056

3.2 市场预判与用户心理把握 / 058

3.3 品牌塑造与舆论场的价值管理 / 062

3.4 IP授权与衍生产品的互利共生 / 066

3.5 热门IP如何制造文化现象 / 070

3.6 经典IP的复兴与传承 / 080

第四章 / Chapter 4
消费与创作的双向奔赴

4.1 粉丝文化的形成与发展 / 086

4.2 火热消费背后的情感价值 / 089

4.3 购买力与忠诚度推动的粉丝经济 / 093

4.4 粉丝主导的经济业态：众筹与共创 / 099

4.5 同人作品的商业化实践 / 102

4.6 消费者与创作者的共生生态 / 108

第五章 / Chapter 5
资本为何追捧谷子经济？

5.1 谷子经济的市场规模与增长潜力 / 116

5.2 个人周边店铺的崛起 / 121

5.3 小型团队的商业化路径 / 126

5.4 定价、生产与供应链背后的商业逻辑 / 130

5.5 谷子经济的金融化与资本化 / 134

5.6 谷子经济的投资博弈 / 139

5.7 投资者如何评估谷子市场 / 143

第六章 Chapter 6
谷子经济的全球化浪潮

6.1 谷子经济的全球盛会 / 150

6.2 谷子经济在不同地区的市场表现 / 152

6.3 如何在跨文化合作中保护本土IP / 158

6.4 谷子如何提升中国的文化软实力？ / 161

第七章 Chapter 7
谷子经济的光明未来

7.1 掌控未来消费趋势的Z世代 / 170

7.2 新技术对谷子经济的影响 / 173

7.3 谷子经济中的公益与教育实践 / 177

7.4 二次元文化将走向何方 / 185

7.5 谷子经济的未来困境与突破口 / 189

后记 / 197

第一章 Chapter 1
谷子经济起点：二次元文化

以虚拟为起点，构建真实情感；以幻想为驱动，影响现实世界，这就是二次元文化。它的诞生不是偶然，而是时代与技术共同推动的产物。从"二战"后日本街角的小同人会，到跨越国界的全球现象，它的轨迹既承载了历史的痕迹，也描绘了文化融合的未来蓝图。

1.1 二次元的诞生与崛起

二次元文化的兴起是一段充满曲折与坚持的漫长旅程,从日本经济复苏时期的萌芽到文化符号的全球传播,经历了无数的起伏与突破。

1.1.1 二次元文化的历史脉络与背景

早期形态与边缘化生存

二次元文化的源头可追溯至日本"二战"后经济复苏时期。20世纪50至60年代,漫画和动画以大众娱乐的形式开始在日本社会萌芽。当时的漫画多为廉价杂志上的连载故事,动画的受众则以儿童为主,完善的创作体系还尚未形成。直到20世纪70年代后期,随着电视的普及与动画制作工艺的逐渐成熟,一批风格迥异、世界观鲜明的作品涌现出来。然而,这类作品在初期仍被视为小圈子的嗜好,粉丝多通过小规模同好聚会维系兴趣。在这样一种边缘且相对封闭的环境中,二次元文化的早期传承者往往被贴上"非主流""幼稚"的标签,社会主流对其关注并不多。

这一时期的亚文化氛围凸显了二次元文化的独特性:它并不急于被主流认同,而是通过独特的艺术表达和角色叙事,为一群在现实中感到疏离或压力的人提供情感寄托。彼时的二次元世界或许并未呈现出当前多元化的宏大景观,但为日后的繁荣奠定了精神基石。

媒介环境变迁的助推

伴随经济高速增长与家庭收入增加，日本社会在20世纪80年代前后迎来消费文化和娱乐工业的蓬勃发展。录像带、影碟机、游戏机等新兴媒介，为动画、游戏、漫画等二次元内容提供了更广阔的传播渠道。工业化的动画生产机制与新奇题材的发掘，使二次元作品逐渐突破早期童年向、教育向的限制，走向更为丰富的类型化创作——从科幻、奇幻到校园日常、机甲战争，世界观构建日渐精致。

在这一过程中，同人[1]文化、角色扮演（Cosplay）与产业展会的出现，进一步加强了亚文化社群的内部凝聚力。这些活动使得二次元圈层拥有更多亮相的机会，促进了文化扩张的自我循环。尽管此时二次元仍未完全"出圈"，但其在媒介方式与内容类型上已具备延伸的潜力，为后期向更广阔人群传播奠定了基础。

跨地域传播与多元影响

20世纪90年代后，日本经济泡沫破裂，但其动画、游戏产品却在海外获得了市场空间。大量日本动画通过电视台、录像带代理商、电视频道二次转播，进入东亚、欧洲和北美地区，吸引了世界各地的青少年。国际间的文化互通使得二次元不仅局限于本土边缘圈层，而是以海外粉丝为媒介，使其审美理念与世界观建构得以跨文化传播。此后，二次元作品的国际粉丝群体逐渐壮大，为全球动画产业、游戏制造、周边商品开发打开了更广阔的市场空间。

---

1 "同人"是动漫文化的用词，指自创、不受商业影响的自我创作。

1.1.2 从亚文化圈层到大众审美融合

时代变迁与受众需求变化

随着互联网的普及,二次元文化不再依靠传统媒体这一唯一传播渠道。网络论坛、弹幕视频网站等社交媒体平台的兴起,使得二次元内容得以快速传播、讨论与再创作。用户自发进行角色设定讨论、剧情解读、二次创作,在由粉丝到创作者再到平台的互动模式中不断积累影响力。如今的90后、00后,出生于信息爆炸时代,他们的审美与娱乐习惯早已不拘泥于单一媒介形式。动画、漫画、游戏、轻小说、虚拟偶像等多样元素通过数字化渠道融入年轻人的日常生活。

在这种背景下,二次元文化的边界不断模糊:原本的亚文化不需要再隐蔽生存,反而引领了部分流行风潮,为消费者所接受和欣赏。这种向主流延展的过程,既是时代变迁下文化消费升级的产物,也是消费者个性化需求释放的必然结果。

视觉与审美变革

从初代机器人动画到后期的女性偶像团体,从萌系角色设计到充满后现代意味的独立游戏美术风格,二次元文化在美学层面发生了翻天覆地的变化。曾经简单粗糙的平面图像与单调剧情逐渐演变为精细作画、严谨分镜、富有文艺气息或深邃哲思的作品。角色设定中加入更加细致的心理刻画与人际关系描绘,剧情结构更为复杂。在此过程中,二次元美学不仅满足消费者的娱乐需求,更满足他们审美进阶和情感深层探索的需求。

这样一种由声音、色彩、构图、镜头语言、叙事方法共同塑造的综合审美体系,逐渐与主流艺术审美进行对话。一些著名的动画导演、原画师和游戏制作团队更是为公众所知，大型艺术展览、跨界联名和文创产业合作不断涌现，将二次元文化的视觉元素纳入主流美学版图。

1.1.3 多元表达与传承模式的确立

媒体融合下的创作生态

21世纪初期以来，二次元文化的创作生态呈现出高度融合态势：动画、漫画、游戏、音乐、轻小说、周边衍生品，以及同人创作、线下展会一同构成庞大且灵活的产业生态链。在这一生态链中，不同介质、不同平台的创作者互相交流。随之而来的创新力量不仅催生更多类型的二次元作品，也在不断拓展其内在精神内涵与审美疆域。

这种融合让二次元文化的传承不止于依靠单一媒体形式的维系，而是在媒介迭代中持续发光。大众可借助智能设备、网络平台随时参与二次元内容的创作与传播，从而帮助这一文化拥有更广阔的表达空间。

价值观与精神内涵的延续

尽管二次元文化诞生之初大多作为娱乐与幻想的载体，但随着传播范围的扩大，其功能不再限于年轻人的消遣。在越来越多的作品中，观众能从故事情节中找到对现实社会、历史传统、人性探讨的隐喻。这些价值内涵通过角色命运、世界设定与主题表达潜移默化地感染观众，使二次元文化摆脱单纯感官愉悦，升级为一种能够承担思想输出和文化责任的载体。

当这种理念不断积累，二次元文化便能在时间长河中传承下去。无论经典动画的跨时代再版，抑或新锐创作者从前辈作品中汲取灵感，再结合时代议题进行再创作，二次元文化的精神内涵得以不断重塑与延续。

持续交织与文化自信的提升

随着二次元文化在社会话语体系中的地位日益稳固,它不仅令年轻一代的审美趋向多元,还为本土文化的国际传播提供了新路径。无论中国本土原创动漫崛起,还是日系动画在全球范围内形成粉丝圈,都体现出二次元文化对文化创造力的贡献。受众在接触多元视角的过程中,更容易在灵感碰撞中发现本土文化的价值与魅力,实现跨文化的平等交流。

1.2 小众文化大逆袭

在偏见中生长,在理解中崛起,二次元文化从亚文化的角落走向主流的舞台,这不仅是粉丝的胜利,更是社会接受多元审美的缩影。它的故事,是对每一个渴望被认可的个体最温暖的注脚。

1.2.1 社会语境与主流价值体系的重塑

视角的改变:从"边缘群体"到"有趣现象"

二次元文化在发展的初期,曾被主流社会视为与传统话语体系相距甚远的亚文化现象,甚至带有一定程度的偏见。然而,随着其在年轻群体中逐渐兴盛,社会舆论的态度开始发生转变。二次元文化从最初的小众爱好逐步走向大众视野,被外界视为一种值得深入了解的新兴文化现象。

这一变化反映了主流文化在接受多元审美、理解新价值观方面的转型。当更多人开始探索和接触二次元文化时，传统的主流价值观念也随之被重新定义，使得曾经被忽视的文化形式逐渐在社会结构中拥有自己的位置。

话语体系重构：新媒体与公共讨论平台

新媒体的普及为多元文化提供了广阔的表达空间。通过社交平台等渠道，二次元文化的支持者可以自由分享他们的创意。这些平台不仅增强了文化的传播力，还改变了文化讨论的主导权，更多的普通用户成为文化建设的重要参与者。

随着新媒体平台的强势崛起，传统的由媒体和专家主导的话语体系逐渐被打破。二次元文化的价值和意义，更多地由广泛的公众共同定义。这种参与式构建模式，赋予了二次元文化更大的社会影响力，让它在主流社会中占据了更加独特的位置。

1.2.2 身份认同与消费群体的再定位

粉丝心理：从"自我隔离"到"自我展示"

当二次元文化尚局限于小众圈层时，粉丝往往仅在同类群体中寻求共鸣，将这种爱好收敛于私密领域。然而，当社会对二次元文化的态度趋于理解时，粉丝的心理状态也随之变化。他们开始不害怕因爱好而遭受嘲讽，而愿意主动向身边人分享喜爱的作品、角色或创作，并在公共场合携带动漫周边，穿着相关服装。

这种自我展示的主动化，标志着粉丝群体身份认同的转变。当爱好者的存在被认可时，他们的文化消费就不再是内向的、回避性的，而是面向更广阔社会空间的积极表达。粉丝开始从"潜在消费者"转变为"文化倡导者"，为二次元从小众走向主流提供了原动力。

消费心理：从"单纯满足"到"精神共振"

小众文化时期的消费更多是为了满足个体兴趣与精神避难所的需求。而当二次元逐步渗入主流社会时，它的消费内核也发生了质变。消费者不仅仅购买单一商品，而是希望在购买行为中实现自我表达、身份定义及找到价值共鸣。

这种心理迁移拓展了二次元文化的生产逻辑：创作者和品牌方意识到，粉丝需要的不只是精美的角色周边，更是透过该周边所获得的社群归属感与文化地位。这为后续相关产业的精细化商业运营埋下伏笔。

1.2.3　公共场域与社会参与度的提升

线下与线上交织的社会存在感

当二次元文化尚处小众阶段之时，诸如漫展等线下活动更多是圈内聚会。在主流认同度提高后，这类活动规模不断扩大、知名度不断提升，开始走入主流商业街区、购物中心，乃至国有文化机构的馆藏展陈中。原本封闭式的亚文化交流场景，如今以开放形式呈现在公众面前，吸引路人驻足与参与。

线上平台则为不同地理区域和文化背景的人们创造相遇的可能。许多国际性质的网络活动、粉丝翻译与再创作项目，让二次元圈层不断扩张，不同文化圈子之间的互动增加，主流社会在不经意间包容了原本的亚文化符号。这种双重维度的拓展，使二次元文化的社会存在更加鲜活。

大众与媒体对二次元的重新定位

随着影响面扩大，社会大众、研究者也开始认真对待二次元文化，将其视为现代社会文化分析的范本。在一些高校课程、学术论文与专题研讨会中，二次元作品成为文化研究、社会心理学与艺术美学的材料。

媒体评论者也不再将其简化为"幼稚的卡通""无聊的幻想"，而是尝试探讨作品背后的叙事策略、美学规范、社会寓意及其与受众心理互动的机制。社会学者乃至经济学家，开始将二次元作为经济学现象进行研究。比如，2024年下半年，在A股市场上，由于谷子经济概念股持续暴涨，引发了各方关注和研究。这种严肃对待，使二次元文化从低层次娱乐转变为可被认真研究、批评与借鉴的文化样本，社会意义和经济价值逐步凸显。

1.2.4 多元审美的熔炉：主流接受的形态变化

主流形象重塑：从流行符号到创意源泉

随着时间的推移，二次元元素频繁出现在时尚走秀、潮流服饰、广告创意和艺术展览中，主流审美不再拒绝异质文化元素，反而主动纳入，以丰富自身。以往不被理解的动漫造型、夸张的角色设定，反而成为视觉营销、品牌塑造的创意、灵感。各种跨界合作项目应运而生，主流品牌争相借助二次元符号，为产品增添年轻气质和新鲜活力。

这种由市场驱动和受众偏好促成的形象重塑，使二次元元素如同调色盘中的新色彩，融入既有的审美体系，让原本单调固化的主流视觉文化获得新的启发与刺激。

价值共鸣：从个人痴迷到集体审美

二次元文化在变得大众化的同时，也经历了由个人化情绪向集体化审美表达的转变。当社会足够宽容时，多元审美倾向得到肯定，不同群体出于各自背景与审美趣味，相聚在共同喜爱的作品或角色周围。人们不仅认可这些作品的艺术价值，也默契地将其作为沟通的桥梁，从而在无形中形成群体共鸣。

正是在这类共享感受中,小众走向主流的过程完成了关键一步,不再只是圈内的私密暗号,而是人人可解读、可欣赏、可应用的文化资源。

1.2.5 社会共识的达成:二次元文化的再定位

文化身份的均衡:从对立到共存

在主流世界与亚文化圈层曾经的对立局面逐渐缓和后,二次元文化被重新定位为一种成熟的、可被严肃讨论的文化现象。这意味着它已从最初的闹市边缘小铺走上了宽阔的主街。不论动漫老粉丝,还是刚刚入门的新观众,都能在相对开放的舆论环境中表达自己对二次元的理解。

这种均衡并非意味着完全同质化,而在于双方达成某种默契:主流社会变得不轻易贬抑,亚文化群体也乐于融入更广阔的社会环境。各方在互动中各取所需,又给予彼此空间。

影响力的扩张:通向更广泛的公共领域

在此阶段,二次元文化对于公共生活的渗透已不仅局限于视觉与语言层面,更可能影响行为模式、消费偏好及价值判断。人们不需要特殊的知识储备和圈内指引就能欣赏与讨论二次元元素。这是一种潜移默化的文化权力转移,使得曾经被视为边缘的内容成为主流审美体系中的一环。

随着影响力的不断增强,二次元文化已与主流价值有机结合,并达成了社会共识。这为后续更仔细的产业分析与经济形态解读埋下伏笔:审美与文化认同完成转变后,市场运作与产业链条便有了更深厚的土壤,正是这种环境支撑了谷子经济各环节的繁荣。

1.3 谷子经济的独特文化符号

当商品不只是商品，而是承载情感、传递价值的符号时，它便拥有了无可替代的文化力量。在谷子经济的世界里，每一件衍生品都不仅是消费选择，更是文化身份的象征。这些符号如何与消费者产生联系，又如何从圈层传播到主流视野？这源于谷子经济的独特魅力。

1.3.1 符号化商品的内涵跃迁

从商品到符号的转变

当二次元文化的发展进入更深层次时，谷子不再只是简单的衍生产品，而是作为独特的文化符号被消费者接受。与传统消费品不同，谷子蕴含了特定的美学、故事背景和角色人格，从而使消费者在购买与使用过程中获得超越物质价值的精神体验。

这种符号特性决定了谷子经济的独特性：其核心并非商品本身的实用属性，而是消费者在审美、情感和身份认同层面所能获得的满足。这不仅使谷子拥有更强的吸引力，也为其在市场竞争中确立鲜明的地位提供可能。

图像、角色与故事的融合

谷子符号的形成，往往基于极具辨识度的视觉元素和叙事设定。一枚小小的徽章、一个精巧的亚克力挂件、一张精致印刷的卡片，都承载着角色生平、故事背景、剧情片段等隐性信息。这些元素不只在形式上令人愉悦，更以叙事内涵为桥梁，把消费者与IP的世界观联系在一起。

当消费者欣然接纳这些图像或符号时，他们也在无形中接受了与其相关的价值体系和审美偏好。这意味着谷子在流通的过程中，本身就充当着信息的传播载体，以视觉、情感和故事为媒介，完成对群体审美与共识的塑造。

1.3.2 身份标识与亚文化资本的凝聚

收藏与展示：自我认同的外化

谷子的符号属性使其不只是供欣赏的物件，更是彰显个人品位和文化立场的媒介。当粉丝将精心挑选的角色立牌、特典明信片、联名服饰展示于房间、书桌或社交平台上时，这些物品就成为个人审美与身份的象征。

由此，谷子在粉丝圈层中担当亚文化资本的角色。拥有稀有款周边、限量版出版物、设计独特的联名艺术品，可以在圈内获得更多认同与关注。这种亚文化资本的累积，使得消费行为与人际交流互为养分，谷子不仅被购买与收藏，更被分享，从而构筑粉丝间特有的交流语境。

圈内共识的生成与延伸

在谷子经济的世界里，每一件产品背后都有对应的社群记忆与集体经验。当圈内成员对某一系列的谷子进行热烈讨论，对限定款周边的发行兴奋不已，对角色换装主题相互评价时，这些行为无不体现着由谷子符号所衍生的群体文化。

正是这种共享的符号体系，使得二次元亚文化圈层获得更强的凝聚力。谷子不是销售的终点，更是连接粉丝与IP、粉丝与粉丝的纽带，令彼此在共通的审美指向与情感共振中建构独特的社群身份。

1.3.3 文化叙事与价值隐喻的承载

消费背后的情感链条

表面上，谷子是一件商品。但在更深层面，它映射出消费者对角色品质、剧情精神、世界观架构的内在认同。当人们在摆弄手办、浏览画册或阅读角色设定集时，消费行为已悄然转化为精神领受与审美沉浸。

透过这种认同过程，谷子展现的不仅是角色与故事本身，更是消费者对秩序、梦想、友谊、勇气等抽象价值的暗中寄托。由此，谷子既是物理存在，也是观念与情感的"容器"，一件小小周边聚合了视觉美感、人性哲理与价值隐喻，为消费者提供精神栖居之所。

传统文化与新元素的兼容

不少本土创作者在设计谷子时，善于将传统文化融入现代二次元审美手法之中，使某些周边蕴含历史典故、地域特色。这类创作不仅满足粉丝对多元叙事的需求，还助力新一代消费者在轻松的文化氛围中重新认识自身的文化根基。

例如，星仔文化创意（贵州）有限公司是一家集企划、设计、制作、运营于一体的文创公司。目前，该公司正在加速开发和设计一系列谷子，其产品涵盖手办、图书、游戏、影视、音乐、动画等细分领域，致力于让出版、商品、游戏、影视、动画等不同领域产生联动效应。公司负责人介绍，第一批产品预计于2025年3月之后上市，在设计产品时，公司深度挖掘中国优秀的传统文化，并与当下的时代特征紧密结合，以更好地满足年轻群体的实际需求。公司的目标是，通过打造一个引领时代潮流的强势文化IP，并将其推广到其他国家，让悠久的中华文化得到更多人的认同和喜爱。

在这种兼容模式下，谷子既尊重原创IP的当代精神，也为传统元

素提供了活化与再生的平台。这赋予谷子经济更深厚的人文底蕴，使其不再是单纯的商业流通，而是成为延续与更新本土文化内涵的一种媒介。

1.3.4 跨界合作与艺术价值再发现

从二次元圈层到更广阔的艺术语境

随着二次元影响范围的拓宽，部分谷子创作者、工作室与其他艺术门类的设计师、音乐人、摄影师展开跨界合作。从艺术衍生到文创设计，从品牌联名到主题策展，多元创意的碰撞让谷子的符号潜力不断提升。

在这种跨界互动中，谷子不再是单向度的文化产品，而是成为艺术表达、商业逻辑与社会审美对话的载体。当它进入画廊、音乐节、文博机构，转变为公众艺术或流行文化标志时，就在审美与商业间搭建了一座桥梁，使不同领域的受众都能从中汲取养分。

艺术风格的迭代与反哺

谷子经济的繁荣为年轻创作者提供了广阔的实验空间。在产品设计的过程中，艺术家可以将新锐设计理念、多样材质、非传统绘制手法等融入谷子之中，以独特的视觉语言打破固化审美格局。

在此过程中，艺术创作与商业需求相互激励：大量新颖的产品构思不断涌现，部分大胆尝试甚至反过来影响主流视觉语言的发展轨迹。当谷子由衍生品升级为艺术载体时，它的符号属性便不再仅限于粉丝圈层，而能以更多样化的方式为社会审美格局注入新鲜活力。

1.3.5 符号体系的稳固与潜在影响

符号的持久性与更新机制

谷子符号并非一成不变，它在不断生成、淘汰、重组、进化。热门角色的更替、制作工艺的完善、消费者审美喜好的变动,都会影响这一符号的动态平衡。

然而,无论如何变化,谷子经济的符号属性已在二次元文化生态中稳固下来。它所代表的不仅是可售可买的周边,更是一套为粉丝所熟识、可供外界理解的文化语言系统。在这种意义上,谷子符号的稳固,为产业链的有序发展提供了文化基石,为后续有关IP与产业互动的探索创造了坚实条件。

互动传播中的社会影响

通过社交媒体、口碑相传和活动展览,谷子符号在社会话语体系中不断扩散。这种扩散不仅影响消费决策,还带动审美感知与意识形态松动。人们在日常生活中频繁遇到这些文化符号,也在潜移默化中更新自己对商业、艺术与文化的理解。

谷子经济的独特文化符号因此成为二次元文化价值传导的重要触点。它在轻松的消费体验背后,维系着一套丰富而深刻的文化语言系统,为不同人群提供在多元文化格局中对话、互鉴的机会;与此同时,还催生了一个完整的产业链,孕育出一个千亿级市场。

1.4 二次元文化如何融入日常生活

如今,在超市的货架上、咖啡馆的主题装潢中、朋友的钥匙扣上,二次元形象似乎无处不在,见图1-4-1。那些原本属于虚拟世界的角色,已经成为生活的一部分。它们是如何一步步走进我们的日常,又是如何影响了我们的选择与表达的呢?这一切的背后,是二次元文化的悄然渗透。

图1-4-1　某餐厅内景

在语言交流层面，二次元文化不仅以鲜明的风格和独特的表达方式吸引了一大批粉丝，还通过台词、语气、拟声词等语言元素的传播，逐步融入日常交流中，甚至成为现代语言中不可忽视的一部分。那些原本属于虚拟角色的独特表达方式，如今正以潜移默化的方式塑造着人们的语言使用习惯，丰富了沟通的内涵。

1.4.1　二次元语言的日常化

许多经典动画台词因其鲜活生动、引人共鸣，早已突破作品的框架，成为社会语言的一部分。例如，在《新世纪福音战士》中，碇真嗣的那一句"我不能逃避"，不仅是角色心理挣扎的真实写照，也成了许多人面对生活压力时的自嘲。类似的例子还有《灌篮高手》中三井寿的"教练，我想打篮球"，这句对梦想的呼喊在流传过程中被赋予更广泛的意义，用来表达对梦想的渴望或对某种追求的执着。

这些经典台词在传播中实现了从虚拟到现实的跨越，为日常语言增添了情感表达的层次感，也反映了人们内心深处关于梦想、压力和自我认同的共同诉求。除了具体的台词，二次元文化还通过表达方式对语言产生了深远影响。例如，拟声词和夸张语气词是二次元语言的重要特征。表达惊讶时的"哇"或"诶"，传递可爱情绪的"喵"或"呜呜呜"，这些看似随意却具有表现力的词语，为网络交流增添了趣味性和活泼感，使书面语言更接近口语化，让线上对话的情感表达更为直观和丰富。

与此同时，二次元角色特有的语言习惯也深刻影响了语言的个性化表达。比如，《火影忍者》中漩涡鸣人的"嘛~"，《银魂》中坂田银时略显无厘头的自嘲式幽默，这些语言特征在粉丝间迅速传播，成为亚文化的标志性符号。当人们使用这些表达时，不仅引发了文化共鸣，还带来亲近感和身份认同。

随着时间的推移，这些个性化语言元素也逐步传播到更广泛的圈层，成为新的表达方式。

值得注意的是，二次元语言的影响早已突破了二次元文化圈，进入了主流文化。经典动画台词被广告商借用，拟声词和夸张语气词甚至出现在官方新闻标题或公众演讲中。这不仅说明二次元文化的接受度越来越高，也表明语言的活力和适应性正在被新的文化浪潮不断激发。

1.4.2 兴趣的多元延展

一个人可能因为沉迷于一部动漫而拿起画笔，尝试将喜欢的角色用自己的风格重新呈现。这不仅是对作品的致敬，更是艺术兴趣的萌芽。有些人在临摹过程中发现了色彩搭配和造型设计的乐趣，从而踏上了学习绘画或设计的道路。这种由热爱衍生的兴趣，让许多人从欣赏者变成了创作者。

声优文化的魅力同样深深吸引了二次元爱好者。那些赋予角色声音和灵魂的声优，往往成为粉丝的灵感来源。一些人开始模仿声优的语气和表演，钻研配音技巧，甚至用自己的声音为角色赋予新的生命。这种兴趣不仅加深了人们对声音艺术的理解，也为配音行业注入了新鲜血液。

还有一部分人因为对某个虚拟世界的热爱，投身于同人创作。他们用文字、音乐、插画或视频延续角色的故事，拓展原作未曾涉及的情节与情感。这些创作虽源于对作品的喜爱，却因个人的独特理解和表达而焕发新的生命力。同人创作不仅是粉丝文化的重要组成部分，更为创意产业提供了丰富的灵感来源，见图1-4-2。

图1-4-2　某街头粉丝涂鸦作品

从模仿到创作的过程，是兴趣发展的自然延续。最初，人们可能只是简单地模仿，但随着时间的推移，他们逐渐融入自己的风格和思考，形成独立的创作能力。这种转变不仅体现了对作品的深度热爱，也标志着个人的成长与进步。

绘画的人可能从临摹角色的面部表情开始，逐渐学习构图和原创设计；钻研配音的人或许从模仿经典台词入手，逐步探索声音情绪的表现技巧；同人作者可能先尝试扩展原作情节，最后形成属于自己的叙事风格。这些从简单到复杂、从模仿到原创的过程，是兴趣与能力相辅相成的结果。

创作不仅仅是一种兴趣爱好，更是自我表达的重要方式。每一个原创作品，都是对创作者内心世界的映射。这种表达让人们在繁忙的生活中找到属于自己的意义，同时也让更多人感受到创作的乐趣和成就感。

1.4.3 社群的力量与合作

二次元文化的创作兴趣常常带有强烈的社群属性。粉丝之间会分享作品，交流心得，甚至合作创作；绘画者可能与配音爱好者合作，完成一段原创视频；音乐创作者或许会为同人动画谱曲；文字作者可能与插画师联手，共同打造一部同人小说。通过社群的支持和协作，个人的创作能力被进一步激发，创意的可能性也因此无限扩展。

这种互动不仅增强了个体与文化之间的联系，还让创作过程充满了更多的意义。每一个人都是独特的创意源泉，当他们的灵感交汇时，往往会创造出超越个人想象的作品。

虽然这些兴趣和创作最初源于二次元文化，但它们的影响却并不仅限于此。许多人通过二次元文化开启了艺术之门，逐渐将兴趣延伸到更广泛的领域。一些绘画爱好者最终成为职业插画师或设计师；曾经模仿声优的年轻人可能踏上了表演或配音的职业道路；同人创作者也有机会出版原创小说或成为编剧。这些发展，不仅为个人的成长提供了更多可

能性，也为社会带来了更多的文化创造力。

　　二次元文化的真正魅力，不仅在于其绚丽多彩的视觉效果或引人入胜的情节设计，更在于其通过故事传递出的深刻价值观。这些价值观往往并非以说教的方式灌输，而是通过角色的成长、冒险与选择，潜移默化地进入观众的内心，影响他们的情感与态度。

第二章 Chapter 2
打破次元壁的谷子产品

从屏幕上的幻想世界到手中触手可及的实体,谷子正在模糊虚拟与现实的边界。这些周边商品不仅是对故事和角色的延续,更是粉丝情感的凝聚和文化的实物化表达。当一件动漫周边摆在桌面时,它不仅是装饰,更是一个与虚拟世界深度连接的桥梁,开启了个性化消费与文化传播的新维度。

2.1 动漫周边：连接虚拟与现实的桥梁

一枚徽章、一幅插画，甚至一个手办，都可能成为人们与虚拟角色之间最直接的情感纽带。这些看似简单的商品，却承载着设计者的创意与粉丝的热爱。从传统的海报到精工雕琢的限量版周边，动漫商品的形式不断丰富，但其内核始终未变——将虚拟世界中的美好带到现实生活中，触发人们对故事与角色的无限想象。

2.1.1 手办与模型

手办与模型是二次元文化迈向物质化的最具代表性的载体。从一个平面角色的灵魂塑造到三维立体形象的还原，这些艺术品体现了二次元爱好者对幻想世界的热爱。手办与模型不仅是收藏品，更是连接角色与粉丝情感的重要媒介，其背后包含着丰富的制作工艺与种类演变的故事。

手办的高还原度

手办的魅力源于对角色的高度还原。这种还原不仅体现在整体外观上，更深入每一个微小细节。从角色发丝的层次感到服饰的褶皱设计，从眼神的光影变化到动态动作的张力，手办制造者以精益求精的态度赋予每件作品生命力。

制作高品质手办需要经历复杂的流程。设计师需要先分析角色的性格特点、背景故事及动作风格，随后进行三维建模。这一阶段不仅要求对原作的深刻理解，还需要将抽象的二维元素转化为三维形态，使其拥有空间感和真实感。为了达到最佳的还原效果，设计师常常需要多次调整模型，确保比例协调且细节精准。

例如，角色的衣服质感可能需要通过不同的涂装技术表现出丝绸的光泽、金属的冰冷或皮革的柔韧。而角色的发型，不论柔顺的直发还是蓬松的卷发，都需要通过精细雕刻和喷涂呈现出立体感。这些工艺的每一步，都直接影响手办最终的完成度与视觉效果。

制作工艺的突破

手办制作的工艺可以分为多个步骤，每一步都蕴藏着匠心与技术。

1. 设计与原型制作

手办的创作始于设计师的灵感构思。通过角色的背景与性格分析，设计师绘制出二维草图，再使用三维建模软件构建立体效果。此时，设计师需要不断与原作团队沟通，确保手办造型忠实于角色设定。完成三维建模后，原型师会根据设计模型制作出实体原型，这一过程通常使用雕刻泥或3D打印技术完成。

2. 分模与模具制作

原型完成后，需要进行分模操作。由于手办由多个部件组合而成，为了保证后续量产的可操作性，原型会被拆分为头发、面部、躯干、四肢等多个部分。然后通过硅胶等材料制作模具，为大规模生产做准备。

3. 注塑与组装

利用模具，手办的主要部件通过注塑工艺被制造出来。注塑材料通常选用PVC（聚氯乙烯）或ABS（丙烯腈-丁二烯-苯乙烯共聚物），前者柔韧性较好，适合细节复杂的部分，后者具有更高的硬度，适合制作承重部件。

4. 涂装与喷绘

涂装是手办制作过程中最考验技术的环节之一。高级手办常采用手工涂装，以确保颜色的过渡自然和细节表现力。例如，角色眼睛的光泽通常需要多层喷涂和手绘完成，复杂的衣饰花纹可能采用细致的印刷技术。此外，部分手办还会使用金属质感涂料或荧光涂料，为作品增添特殊效果。

5. 组装与最终检查

涂装完成的部件被逐一组装起来后，成品手办便初步成型。最终阶段，制作团队会对每件手办进行严格的质量检测，确保每一件产品都符合设定标准，无论比例还是涂装细节都要达到预期效果。

手办的种类与市场细分

手办的种类随着市场需求与技术发展日益丰富，从入门级到收藏级，各具特色。

1. 量产手办

量产手办是目前市场上最普遍的种类，以价格亲民和生产规模大为特点。这类手办通常采用标准化的模具与流水线涂装制作，适合粉丝入门收藏。虽然细节表现相对有限，但近年来随着技术水平的提升，许多量产手办的还原度和工艺也在不断提高，见图2-1-1。

图2-1-1 《七龙珠》主题手办

2. 限量版手办

限量版手办以稀有性和高品质著称。此类手办通常由知名原型师设计，生产数量有限，并配有编号与证书。限量版手办更注重细节表现和材料选择，部分高端款手办甚至采用树脂或金属材质制作，进一步提升了收藏价值。

3. 可动手办

可动手办（如Figma系列）是一种兼具观赏性与娱乐性的作品。它通过关节设计实现角色动作的多样化，粉丝可以根据自己的喜好摆出不同的姿势。这种手办深受摄影爱好者与创意玩家的喜爱，见图2-1-2。

图2-1-2 《JOJO的奇妙冒险》主题可动手办

4. 景品手办

景品手办最初作为游戏厅中抓娃娃机的奖品而流行，近年来因价格低廉、设计多样，成为大众喜爱的收藏类型。虽然景品手办的工艺相较其他种类略逊一筹，但其因亲民的定位仍然吸引了大量粉丝。

5. 定制手办

定制手办是市场中最个性化的选择。这类手办通常由粉丝直接委托原型师设计制作，从角色选定到细节设计都由委托人参与决定。虽然价格高昂，但因独特性与专属属性使其备受高级玩家推崇，见图2-1-3。

图2-1-3　某店铺定制等身手办

模型的参与感

与手办作为精美成品直接呈现给粉丝不同，拼装模型是一种更具互动体验的二次元衍生品类别。对粉丝而言，模型的独特魅力在于组装与创造的过程——从拆开包装的那一刻起，角色的构建便不再是单纯的观赏行为，而是一次全程参与的创造体验。

1. 沉浸式组装乐趣

拼装模型的第一步往往从拆解包装开始，这是一种带着仪式感的体验。包装中的零件通常经过精细分类，分装在多个框架中，每一个零件都像未完成的拼图，为整个模型的完成增添了悬念。模型爱好者需要按照说明书的引导，将这些零件逐一组装成型。这一过程中，不同的操作步骤，如剪裁、打磨、组装等，为粉丝提供了高度的参与感。

组装模型的乐趣不仅在于完成模型的过程，还在于完成模型后的成就感。特别是复杂的机械类模型，如高达系列，其高度精密的零件设计与结构还原，让组装者在每一个环节都能感受到工业美学与工艺技术的魅力。随着模型逐渐被组装好，原本的零散配件最终组合为一个完整而立体的角色，这个过程为玩家带来了极强的沉浸感与满足感。

2. 自由释放创造力

模型的独特之处还在于其开放性。不同于手办的固定形态，拼装模型允许玩家加入自己的创意与想法。例如，在完成基础的组装后，玩家可以选择对模型进行涂装。通过不同颜色的喷涂、细节纹路的刻画，模型逐渐被赋予个人化的印记。有些高级玩家甚至会对模型进行改装，比如添加武器装备、调整姿态或创造全新的角色造型。这种改装行为在模型玩家圈中被称为"二次创作"，它不仅增加了模型的个性化特征，也为爱好者之间的交流与分享提供了新的话题。

此外，一些玩家还会将多个模型组合成场景进行展示。例如，以某部作品中的经典战斗场景为基础，通过多个拼装模型的搭建与布置，复刻一个精细的微型世界。这样的作品不仅需要技术支持，还需要对角色、故事背景及场景细节有深入理解。这种创造性与还原度并存的表达方式，让模型爱好者在娱乐之外，也享受到了艺术创作的乐趣。

3. 制作工艺与技术突破

拼装模型的工业设计与生产工艺是其高质量体验的基础。从零件模具的设计到材料选择，再到最终的生产，每一环节都精益求精。

（1）零件精度与模块化设计。现代拼装模型的零件设计极为精确，不仅要求每一个部件能够完美衔接，还要在组合过程中具备一定的自由调整空间。这种模块化设计确保了模型的装配过程顺畅，同时允许玩家灵活拆卸和改装。许多高级模型甚至无需额外的胶水，仅通过卡扣和连接件即可完成装配，既提升了组装效率，也降低了新手的入门门槛。

（2）材料的进化。拼装模型的材料通常包括ABS和聚苯乙烯（PS），它们以轻便且易于加工著称。为了追求更高的细节还原与耐久性，一些高端模型还采用新型复合材料，这些材料不仅可以提升零件的细腻程度，还能模拟金属质感或半透明效果。例如，科幻题材的模型往往使用带有金属涂层的零件，以表现未来科技感，而角色类模型则通过柔韧材料来增强人物的动态表现力。

（3）涂装技术的精细化。对于拼装完成后的模型，涂装是决定最终效果的关键。近年来，工业化喷涂与手工涂装技术相结合，使得模型表面效果更加逼真。金属反光、渐变色、细纹刻画等技术，为模型赋予了更强的视觉冲击力。一些高端模型还会在关键部位使用UV固化涂层，不仅增强了色彩的饱和度，还提高了模型的防护性能。

4.模型玩家的文化与社群

拼装模型的吸引力，不仅来自产品本身，更源于其背后的玩家文化与社群生态。模型爱好者通常会在社区中分享自己的作品，从基础组装到涂装技巧，再到场景设计，这些交流构成了模型文化的重要组成部分。

在线下展览中，模型爱好者的作品展示成为粉丝互动的重要平台。特别是在以模型为主题的比赛中，涂装和改装优秀的作品往往能够脱颖而出，成为活动的焦点。这些比赛不仅激发了玩家的创造力，还为模型产业注入了更多的活力。

同时，模型玩家社群还衍生出了一系列独特的文化符号与行为，例如，晒模型、讨论改装技巧、组织拼装派对等。这些行为不仅拉近了爱好者之间的距离，也为模型文化的传播提供了更广阔的舞台。

5.模型种类日趋多样化

如今，拼装模型的种类日趋丰富，满足了不同玩家的兴趣爱好与技能水平需求。

（1）角色模型。以动漫、游戏角色为基础的拼装模型是粉丝收藏的热门选择。角色模型通常注重人物的动态与细节刻画，通过精细设计捕捉角色的神韵，使之具有极强的感染力。

（2）机械模型。机械模型（如高达系列）因其复杂的内部结构和多变的造型深受爱好者青睐。这类模型的拼装过程通常更具挑战性，适合高级玩家进行探索与创作。

（3）科幻模型。科幻模型以未来感设计为主要特色，常包括战舰、机器人等类型。其外观的金属感与线条感强烈，成为技术涂装的绝佳实践对象。

（4）场景模型。场景模型更多面向喜欢还原故事情节的玩家，通过多角色组合与场景搭建，形成一个完整的叙事画面。这种类型的模型制作过程往往需要更多的时间与精力，最终效果也更加震撼。

拼装模型以其高度的参与性与创造性，为二次元文化的物质化增添了新的可能性。从组装到涂装，从改装到展示，每一步都蕴藏着玩家的心血与想象力，成就了一件件独一无二的艺术作品。模型的魅力在于它不仅是角色的具象化载体，更是粉丝与作品深度互动的媒介，推动着二次元文化不断向前发展。

2.1.2 日用类周边

日用类周边是二次元谷子中最贴近日常生活的一类。从文具到家居，从服饰到电子产品，这些商品的共同特点是，既保留了实用功能，又融入了动漫作品的视觉元素。它们不仅丰富了粉丝的消费选择，还成为谷子经济中增长最快的细分领域之一。

文具与办公用品：功能与美感的结合

文具与办公用品是日用类周边中最常见的品类，见图2-1-4。这些商品覆盖笔记本、文件夹、钢笔、书签等，通过加入角色插画、名台词设计，甚至作品中的特殊符号元素，使原本单调的工具变得充满趣味。例如，印有热门角色形象的笔记本和日程本，往往因为精美的印刷和限定的主题系列成为热销品。

许多文具厂商还会通过与知名动漫品牌联名推出限量款办公用品，激发消费者的购买欲。这样的合作不仅提升了文具本身的附加值，也增加了动漫品牌的市场覆盖面。文具类周边的特点是客单价较低，用户群体广泛，因此形成了一个长期稳定的消费市场。

图2-1-4 某店铺中售卖的文具

家居用品：二次元元素走进家庭空间

二次元元素逐渐进入家庭空间的典型表现是家居类周边的兴起。常见的产品包括印有动漫角色形象的抱枕、床单、杯垫及墙饰。这些商品既满足了粉丝对角色的需求，也增强了家庭空间的个性化表达。

例如，抱枕被视为最基础的家居类周边之一，见图2-1-5。它的制作工艺相对简单，但可以通过多种设计实现创意的最大化。全彩印刷技术使得抱枕上的角色形象能够高度还原，甚至连一些细节都清晰可见。此外，材质的选择也成为吸引消费者的一大卖点，从普通布料到触感柔软的绒布，不同档次的产品对应不同的消费群体。

图2-1-5 店铺中售卖的抱枕

同时，部分高端家居周边通过结合功能性设计和限量生产来吸引更高端的用户。例如，智能夜灯融入了动漫主题的设计，不仅是一件实用的家居用品，也因其独特的视觉效果成为受欢迎的收藏品。这种兼具实用性与设计感的产品,在市场中始终保持很强的吸引力。

服饰与配件

服饰是日用类周边中的主力军之一,涵盖帽子、袜子、包袋等多种形式。得益于服装设计的灵活性和强适配性,动漫文化能够轻松融入这一品类,使其成为粉丝表达个性和偏好的重要载体。

动漫主题服饰的设计通常以角色元素为核心,通过印花、刺绣或剪裁等方式,呈现作品中的标志性符号。例如,一款以经典动漫中的角色装为灵感的外套,不仅符合时尚潮流,还能勾起粉丝对作品的回忆。

与之相辅相成的还有各种服饰配件,如背包、钱包、手机壳等。这些小件商品虽然体积小,但因其使用场景较多和价格适中,成为消费市场上的长销品。值得一提的是,许多品牌推出了"角色限定版",以小批量、多样化的策略满足粉丝的个性化需求,见图2-1-6。

图2-1-6 二次元周边配饰

厨房与餐具用品

近年来，厨房与餐具用品成为日用类周边的重要分支。印有角色形象的马克杯、饭盒、筷子，甚至围裙，深受家庭用户和粉丝群体的喜爱。尤其是马克杯，因其价格亲民、设计多样、使用频率高，成为众多动漫IP在日用类周边市场的标配商品。

餐具类周边的设计通常结合角色或作品中的元素，形成一种沉浸式的用餐体验。例如，一款以动漫中的美食场景为灵感的餐碟，不仅是实用的工具，还具有很强的装饰属性，见图2-1-7。这类商品既满足了消费者的功能性需求，还增加了购买过程中的趣味性。

图2-1-7　Q版主题餐碟

电子产品与数码配件

随着科技产品的普及，动漫周边逐渐渗透电子领域。动漫主题的耳机、键盘、充电宝、手机壳等数码配件成为年轻人日常生活中的常见选择,见图2-1-8。这类商品不仅能满足功能性需求,还通过独特的设计赋予了产品更高的附加价值。

图2-1-8　二次元主题手机壳

特别是一些高端品牌推出的联名款数码配件,以高品质和限定生产为卖点,吸引了一批追求个性的消费者。例如,一款定制台灯,灯罩上的印花完全来自动漫中的经典符号,甚至连灯光效果都呼应了作品的主题风格。这样的产品往往售价较高,但因为兼具实用性和收藏价值,仍然受到消费者青睐,见图2-1-9。

日用类周边的经济价值在于其广泛的受众和持续的消费动力。相比于手办和模型,日用类周边价格更低,品类更多,覆盖了从学生到职场人士等各类消费群体。这种消费模式的特点是频次高、品类丰富,因此形成了一个相对稳定的市场。

图2-1-9 哆啦A梦主题灯

事实上，日用类周边还具有很强的品牌传播属性。通过在高频使用场景中植入动漫元素，这些商品无形中扩大了作品的影响力。比如，一件印有热门角色形象的T恤，当粉丝穿着它出现在公共场合时，不仅在为作品打广告，也吸引了更多潜在消费者的关注。

2.2 游戏与互动：赋予角色更多生命

游戏，是谷子中不可或缺的重要组成部分。与手办等静态商品不同，游戏通过动态互动体验让玩家更深入地接触角色与故事，提供了更强的沉浸感。尤其是二次元游戏，以其鲜明的美术风格、独特的角色设计和引人入胜的剧情，逐渐成为谷子经济的支柱产业之一。

2.2.1 视觉与审美的二次元化

二次元游戏的吸引力在于其鲜明的艺术表现力。无论细腻的角色建模还是绚丽的场景设计，都强调对二次元美学的极致追求。这样的审美风格，不仅延续了动漫作品的视觉特质，还在此基础上融入了更多动态表现。例如，角色的服装设计往往华丽复杂，符合二次元文化的高辨识度审美；场景中精心绘制的光影效果与动画过场，则增强了玩家的沉浸感。

二次元游戏的美术团队通常会参考原作中的美术设定，确保角色形象与玩家预期一致。而对于原创游戏来说，美术风格更是其吸引玩家的重要竞争点。从角色的发型到武器的造型，从场景建筑的样式到技能释放的特效，这些细节不仅仅是审美的体现，更是在构建一个与玩家互动的幻想世界。

2.2.2 角色塑造与玩家连接

角色塑造是二次元游戏的另一个关键。相比传统游戏，二次元游戏更注重角色的多维度展示。除了外形的吸引力，角色的性格、背景故事及与其他角色的关系也是游戏开发的重要部分。这种丰富的角色设定让玩家对游戏中的人物产生更强的情感连接。

这类游戏通常通过丰富的互动机制让玩家与角色建立更深层次的关系。例如，"养成系统"是二次元游戏中的标志性设计之一，玩家可以通过解锁剧情、升级装备、提升亲密度等方式，与角色建立专属联系。游戏的设计不仅让玩家感到自己是参与者，还让他们成为角色成长的引导者。这种互动体验大大提高了玩家对角色的依赖感，也延长了游戏的生命周期。

2.2.3 游戏类型的多样化

二次元游戏覆盖了多种类型，从传统的回合制 RPG（角色扮演游戏）到快节奏的动作冒险游戏，再到策略类的卡牌游戏，每种类型都以不同的方式展现了二次元文化的特质。

RPG 与开放世界游戏

RPG 与开放世界游戏，因其剧情节奏性强、自由度高，成为二次元游戏的热门选择。这类游戏通常会围绕一条主线剧情展开，同时通过支线任务丰富故事的背景。例如，一些游戏让玩家扮演特定的角色，在一个虚拟的开放世界中进行探索，同时通过与其他角色互动，逐步揭开更大的世界观。这种玩法不仅增加了游戏的可玩性，还让玩家对角色和故事产生更强的感情。

卡牌与策略类游戏

卡牌与策略类游戏是二次元游戏的重要分支之一。这类游戏通过收集、升级、布阵等玩法，让玩家体验到策略与成就感的结合。例如，玩家需要通过抽卡解锁特定的角色，而这些角色往往拥有独特的技能和背景设定。游戏中的"抽卡机制"不仅是一种玩法，也成为经济模式的重要组成部分。限定角色卡牌的推出经常能在短时间内带动玩家的高额消费，从而实现快速盈利。

动作与冒险类游戏

动作与冒险类游戏以流畅的战斗系统和高度还原的角色技能表现而受到欢迎。特别是在强调即时反馈的游戏中，角色的每一次攻击、每一个技能释放都被设计得充满视觉冲击力。这种快节奏的玩法吸引了喜欢挑战的玩家，同时进一步增强了游戏的动态表现。

2.2.4 经济模型与盈利模式

二次元游戏的经济模式与传统游戏相比有其独特之处。以"免费游玩＋内购"为主的模式成为行业标准，其中，抽卡系统、皮肤售卖、活动限定道具等是最常见的变现方式。玩家通过内购获得自己心仪的角色或装备，而限定活动往往会进一步刺激消费，形成短时间内的盈利高峰。

例如，在卡牌类游戏中，限定角色或"SSR"级别的稀有卡片因其稀缺性而具备极强的吸引力。许多玩家愿意为抽中这些角色投入大量资金，这种现象在二次元游戏粉丝中被称为"氪金"。皮肤系统则为角色增加了更多个性化选项，特别是一些限量款皮肤常常在发布时掀起抢购热潮。

许多二次元游戏还通过跨界联动扩大盈利空间。例如，与动漫或其他游戏品牌合作推出限定角色，或是在游戏内植入广告和品牌联名商品，进一步拓展了经济模式的边界。

2.2.5 市场表现与增长潜力

近年来，随着二次元的潮流风起云涌，相关行业的市场规模也在快速扩大。根据前瞻产业研究院的数据，2016—2023年，得益于国内外优质动漫作品，尤其是国产原创动画的涌现，《明日方舟》《原神》等优质二次元手游的集中上线，中国二次元用户规模呈逐年增加趋势。2023年，中国泛二次元用户规模突破5亿人。与此同时，2016—2023年，中国二次元产业规模从189亿元增长至2219亿元，复合年均增长率达到42.2%。

前瞻产业研究院的报告显示，目前，中国二次元产业正处于高速成长期，用户基础坚实、原创内容丰富、政策支持加大、资本投入活跃，周边衍生产业和线下娱乐市场也在积极探索新的增长点。预计到2029年，中国二次元产业规模将突破5900亿元，2024—2029年的复合年均增长率有望达到16.6%。

2.3 谷子产品的游戏化消费

在谷子经济的发展中，消费已不再仅仅是购买行为，而是演变为一种充满互动性与参与感的体验过程。游戏化消费通过设计巧妙的机制，如盲盒、积分制等，创造出极具吸引力的消费场景。这些机制将互动与奖励结合，不仅提升了商品的吸引力，还激发了消费者的参与热情，为谷子经济注入了独特的活力。

2.3.1 游戏化消费模式的成功实践

游戏化消费模式的特点在于，将游戏中的机制融入商品消费过程中，使得消费者能够在购买中体验到参与的乐趣和不确定性的刺激。

盲盒的惊喜体验

盲盒的流行在谷子经济中无疑是游戏化消费的代表。消费者在购买盲盒时无法知道其中具体的商品，这种不确定性激发了他们的好奇心和尝试欲望。通过这一模式，盲盒不仅仅是商品，更让人充满期待。

以泡泡玛特为例，其盲盒产品通过高度精致化设计吸引了大量消费者，尤其是年轻群体，见图2-3-1。这些消费者为了获得稀有款式，往往会重复购买，这种消费模式不仅提高了商品销售量，也创造了二次交易市场，进一步延长了产品的生命周期。

图 2-3-1　泡泡玛特 DIMOO 系列展览柜

积分制的成就感

积分制是一种经典的游戏化消费模式。消费者在每次购买后积累一定的积分，积分可以用来兑换特殊奖励或享受折扣。这种机制通过设置明确的目标，激发了消费者的持续购买行为。有的购物平台推出积分奖励活动，让消费者在购买商品的同时积累积分，用于兑换专属礼品或服务。消费者在完成兑换时，不仅感到物超所值，还获得了一种成就感，这种成就感有效增强了消费黏性。

2.3.2 互动式商品的消费吸引力

除了机制设计,谷子经济中的许多商品也通过融入互动元素,让消费行为更具趣味性和吸引力。这种互动式商品不仅提升了商品的体验感,还大大增强了消费者的购买意愿。

拼装模型的动手乐趣

拼装模型是一种典型的互动式商品,消费者需要通过自己动手,将零件组装成完整的模型。这种商品不仅提供了实际的成品价值,还通过组装过程让消费者获得了极大的满足感。

以高达拼装模型(见图2-3-2)为例,这类产品凭借复杂的拼装过程和极高的细节还原度,成为拼装爱好者的首选。消费者在组装完成后,不仅收获了成品,还体验到了

图2-3-2 高达拼装模型

动手创造的乐趣。这种"付出与回报"的结合,使得拼装模型在谷子经济中长期占据重要位置。

解谜类商品的沉浸感

解谜类商品通过融入挑战性和剧情性,为消费者提供了沉浸式的消费体验。一些品牌推出了一系列解谜主题的桌游,通过丰富的情节和复杂的任务,让消费者在购买商品后获得了超过预期的娱乐体验。这种商品的消费价值不仅体现在其本身,还通过游戏的参与性增强了消费者对

品牌的忠诚度。

2.3.3 游戏化消费的心理学机制

游戏化消费的成功离不开深层的心理学机制。这些机制通过触发消费者的情感和行为，让他们在消费过程中获得更多的心理满足。

不确定性带来的刺激

盲盒等消费模式利用了心理学中的间歇性奖励机制。当消费者无法预测下一次会获得什么时，他们的期待感和投入感会显著增强。这种机制通过增加消费的不确定性，吸引了大量消费者的注意力，甚至使消费者形成了对消费行为的依赖。

目标设定与成就感

积分制通过为消费者设定明确的目标，增强了他们的消费动机。消费者通过积累一定的积分，逐渐接近兑换奖励的目标，这种"目标递进式"的设计极大提升了消费行为的持续性。而完成目标后获得的奖励则进一步增强了成就感，刺激消费者重复消费。

参与感与归属感

互动式商品通过让消费者参与其中，增强了他们对商品的情感连接。比如在拼装模型中，消费者通过自己的努力完成了商品的制作，这让商品不再只是一个简单的商品，而是成为消费者劳动与情感的结晶。同时，消费者通过分享自己的拼装成果或解谜体验，与其他消费者建立联系，进一步增强了归属感。

2.3.4 游戏化消费对消费者黏性的影响

通过游戏化设计，谷子经济中的商品消费不仅提升了吸引力，还显著增强了消费者的黏性。消费者在与商品的互动中逐渐形成了对品牌的依赖，从而提升了消费频率和品牌忠诚度。

从一次性消费到持续互动

传统消费通常是一次性行为，而游戏化消费通过设置复杂的机制和多层次的互动，成功将一次性消费转变为持续互动。积分制通过积分累积的方式，让消费者反复购买商品，以获取更高的积分，从而让消费者保持长期消费。

情感联系的建立

互动式商品通过增强参与感和创造力，建立了消费者与商品之间的情感联系。消费者在完成拼装模型后，会对商品产生一种特殊的归属感，这种归属感进一步增强了他们对品牌的忠诚度。

游戏化消费在谷子经济中将购买转化为一种互动体验，不仅满足了消费者的物质需求，还通过心理层面的设计提供了情感价值和娱乐价值。正是这种"超越商品本身"的体验，使得游戏化消费成为谷子经济中不可或缺的组成部分，并为其持续发展提供了重要驱动力。

2.4 动画音乐与演唱会：声与影的沉浸式体验

动画音乐是动漫作品的重要组成部分，不仅在叙事中扮演着关键角色，还通过丰富的衍生形式成为谷子经济的重要产品线。无论原声专辑、角色歌，还是声优演唱会、见面会，这些围绕音乐衍生的产业，不断将二次元文化的影响力从作品延伸到粉丝的日常生活。

2.4.1 动画原声与角色歌

动画原声：故事的情感脉络

动画原声（Original Sound Track，OST）是每部优秀动漫作品不可或缺的部分。它通过旋律为故事赋予情感深度，为观众提供更强的代入感。例如，战斗场景中的紧张配乐、角色告别时的伤感旋律，甚至是开头与结尾的主题曲，都成为动画叙事的重要工具。这些音乐不仅服务于动画本身，也往往通过专辑的形式发售，成为深受粉丝喜爱的周边产品。

原声专辑通常包括主题曲、插曲和背景音乐等多种类型。在制作过程中，音乐团队会根据剧情需要，为不同场景定制独特的音乐风格。例如，奇幻类动画的原声专辑可能以交响乐为主，校园青春类动画的原声专辑更偏向轻松明快的流行音乐。这种丰富的风格变化，使得原声专辑不仅具有收藏价值，还成为粉丝日常收听的热门选择。

原声专辑的销售渠道同样多元化。除了实体CD，数字音乐平台也成为重要的发布平台。这种形式让粉丝能够随时随地回味动画中的经典旋律，从而延续他们与作品的情感连接。

角色歌：角色魅力的延展

角色歌是动画音乐的另一重要分支，它由作品中的角色"演唱"，通常由配音演员（声优）负责演绎。这种形式为角色赋予了更多的个性，使其形象更加立体化。比如一位元气满满的女主角可能会拥有一首轻快的励志歌曲，神秘的反派角色则可能演绎低沉而戏剧化的旋律。

角色歌的制作以角色个性为内核。歌词往往直接反映角色的内心世界或剧情线索，而编曲则根据角色形象选择合适的音乐风格。很多粉丝会因为某一首角色歌对角色产生更深的喜爱，从而进一步增强他们对作品的情感依赖。

角色歌的发行形式非常灵活。单曲、迷你专辑和合集都是常见的方式，尤其是合辑中的多角色对唱歌曲，常常成为粉丝争相购买专辑的理由。这些音乐作品不仅拓展了角色的表现空间，还通过多元化的制作和发行方式为作品创造了更大的商业价值。

2.4.2 声优演唱会与见面会

声优演唱会：角色的现实化表达

声优是动画角色的灵魂。在声优演唱会上，观众可以亲眼看到赋予角色声音的表演者，通过他们的现场演绎，与角色和作品产生更直接的连接。

声优演唱会的形式丰富多样。一些活动以单个声优为主，围绕其演绎的角色展开；而更多的大型演唱会则以作品为单位，邀请多名声优共同出演。某些大型动画IP的周年纪念演唱会，不仅会演绎角色歌，还可能穿插经典场景的现场配音表演，为观众提供全方位的沉浸体验。

演唱会现场通常有许多互动环节，例如，粉丝点歌、角色名台词再现等，这些环节拉近了观众与声优的距离，也强化了粉丝与角色之间的情感联系。声优演唱会门票的销售往往异常火爆，成为谷子经济中的重要收入来源之一。

见面会：零距离的粉丝互动

与演唱会不同，声优见面会的规模通常较小，强调与粉丝的互动性。见面会活动形式多样，包括角色配音现场演绎、Q&A 环节及签名会等。在这种更私密的场合，粉丝有机会近距离接触声优，与其交流自己对角色或作品的感受。

见面会还经常配合新作品的推广或角色歌的发行。在一部新动画的发布会上，声优团队可能会演绎新角色的代表歌曲，或者与粉丝分享录制过程中的趣闻。这种形式不仅为粉丝提供了难忘的体验，也帮助作品在商业上实现了双赢。

音乐与活动的商业价值

动画音乐与声优活动，不仅是文化输出的重要方式，也是谷子经济中不可忽视的盈利渠道。音乐的实体专辑和数字销售，声优演唱会的门票收入，以及周边商品（如限定版 CD、演唱会主题 T 恤等）的衍生收益，构成了一个庞大的商业体系。

以某知名动画 IP 为例，其原声专辑的销量在短短一周内突破十万张，而周年演唱会的门票更是在开售数分钟内售罄。这些现象反映了动画音乐和声优活动在市场上的巨大吸引力，也说明了它们在谷子经济中举足轻重的地位。

总之，动画音乐与演唱会通过其独特的艺术表现力和强大的市场号召力，为谷子经济增添了更多的可能性。它们不仅丰富了二次元文化的表现形式，也为作品的商业化开辟了新的路径。虚拟世界的声音穿越次元壁，与现实世界的粉丝产生共鸣，形成了一种独特的文化与经济现象。

2.5 数字商品：虚拟资产的价值

数字商品在谷子经济中扮演着越来越重要的角色。相较于实体周边，数字商品因其便捷、环保和传播性强等特点，成为粉丝收藏与消费的新宠。这些虚拟资产以数字化内容、虚拟货币等形式融入二次元文化，为粉丝提供了更加多元的消费体验，同时也为谷子经济开辟了新的商业化路径。

2.5.1 二次元数字化内容

虚拟收藏：轻量化的文化承载

数字化内容是二次元文化发展的必然结果，虚拟商品因其便携性和创新性，逐渐成为粉丝的重要收藏品。数字化的周边包括角色壁纸、表情包、主题音乐和动态表演等，这些内容通过互联网直接传递给消费者，减少了实体商品生产与物流的限制。

角色专属壁纸和表情包是最受欢迎的数字商品之一。粉丝通过购买这些商品，可以将自己喜欢的角色随时随地展示在手机或电脑屏幕上，增强与角色的连接。而动态表情包和短视频则进一步增强了互动性和趣味性，尤其是在社交媒体上，成为传播二次元文化的重要媒介。

一些平台还推出了角色定制的数字主题，如手机 UI 主题、桌面插件和屏保动画。这些商品不仅具有较高的使用频率，还能通过持续更新使粉丝保持新鲜感。粉丝在日常生活中频繁接触这些数字商品，既满足了个性化需求，又帮助品牌进一步渗透到用户的生活场景中。

虚拟演出与限定内容

数字商品的另一个创新方向是虚拟演出与限定内容的售卖。动漫中的虚拟角色举办线上演唱会，通过直播平台面向全球粉丝。这些演出不仅没有实体场馆的空间限制，还能通过付费观看、打赏互动等方式实现收入最大化。

限定内容的推出极大增强了粉丝的购买意愿。一些平台会为特定活动制作角色专属的数字贺卡或节庆动画。这类商品通常限时发售，具有收藏价值，成为粉丝争相购买的对象。

2.5.2 虚拟货币与角色经济

虚拟货币的多场景应用

虚拟货币不仅是游戏领域的重要元素，也在其他二次元数字平台中得到了广泛应用。在二次元社区中，粉丝可以通过虚拟货币购买角色语音包、个性化装饰及付费解锁独家内容。这种货币化的运营模式，不仅提升了平台的盈利能力，也强化了粉丝与角色的互动体验。

虚拟货币通常通过充值获取，平台会根据消费金额提供不同档次的附加奖励，例如，赠送限定头像框或角色卡片。这种模式通过"消费回馈"的方式刺激粉丝投入更多资金，同时保持对平台内容的兴趣。

在角色经济的推动下，虚拟货币的应用场景更加多元。一些虚拟角色的生日活动会开放专属打赏功能，粉丝可以用虚拟货币为角色"送礼物"，这些礼物可能会以动画效果呈现，进一步增强粉丝的参与感。

数字资产的可交易性与增值效应

与实体商品不同，数字商品通常具有更高的流通性。一些平台允许粉丝在限定范围内交易虚拟资产，比如角色专属的数字皮肤、虚拟表情或NFT[1]（非同质化通证）形式的收藏品。这些商品因其稀缺性和个性化设计而具备一定的增值潜力，吸引了一批兼具消费和投资目的的粉丝。

NFT的引入为二次元数字商品提供了全新的可能性。通过将虚拟商品与区块链技术结合，粉丝可以拥有不可复制的独特数字资产，例如，角色的签名数字海报或限量版动画片段。这样的创新不仅提升了商品的价值感，还为谷子经济带来了更多技术驱动的增长动力。

2.5.3 数字商品的商业价值

数字商品的优势在于其低成本和高效率的分发模式。相较于实体商品，数字商品的制作周期更短，且无需物流成本，这使得它能够迅速响应市场需求。在一部动画完结后，角色纪念数字内容的快速上线，能够有效维持作品的热度，延长其商业生命周期。

数字商品还通过多平台同步销售，扩大了市场覆盖范围。角色专属数字商品可以同时在动漫平台、游戏内商城等多个渠道发布，实现跨界合作与多点盈利。

以某二次元数字平台为例，其推出的节庆数字贺卡系列，在上线的短短三天内售出了上百万份。这种低成本、高销量的模式，充分体现了数字商品在谷子经济中的巨大潜力。

二次元数字商品以其便捷性和创新性，开辟了谷子经济的新消费领域。从壁纸、表情包到虚拟演出和NFT，这些轻量化的商品正在逐渐取代部分传统实体周边，成为粉丝追捧的新焦点。同时，虚拟货币和角色经济的结合，使数字商品不仅具备使用价值，还成为二次元文化中不可或缺的经济载体。通过这些数字化产品，谷子经济在虚拟世界中获得了

---

1 指非同质化通证，实质是区块链网络里具有唯一性特点的可信数字权益凭证，是一种可在区块链上记录和处理多维、复杂属性的数据对象。

更加持久的生命力与更多的商业可能性。

2.6 谷子产品如何俘获年轻人的心

盲盒的惊喜感、定制化的满足感、限量版的优越感……这些独特的购物体验，让年轻人对二次元商品爱不释手。在购买的瞬间，他们感受到的不仅是商品本身，更是与文化符号的深度连接。

2.6.1 新世代审美意识与信息获取路径的变革

审美诉求的迭代与多元风格适配

当代年轻人生活在一个高度视觉化、信息瞬间迭代的时代，他们对审美与娱乐消费的要求更加灵活多变。一方面，传统的精致审美标准仍然适用；另一方面，新奇、有趣、反差萌、多元跨界也成为吸引他们的关键要素。二次元商品在设计语言上不用拘泥于单一风格，而是借助角色、场景、色彩、材质和图案的多层混搭，满足年轻人多样化的审美需求。

这种多元融合的设计策略，帮助二次元商品在同类产品中脱颖而出。无论冷静优雅的简约风，还是鲜艳明快的趣味风，都能在不同主题的周边产品中找到各自的阵地。年轻人不必改变自己已有的审美偏好，便能轻松在二次元商品中找到契合点。

信息传播渠道的社交驱动

与传统媒体时代相比，年轻人更倾向于通过社交网络获得购物灵感。二次元商品的曝光不再局限于平面广告和线下活动，而是频繁出现在社交媒体的动态中。

这种社交驱动的信息获取方式，让商品成为线上话题的一环。年轻人或许在刷视频时偶然看到一款限量挂件的预告，或是在观看主播开箱时心血来潮下单购买。二次元商品的价值在于，它与年轻人的社交互动无缝连接，在不经意间成为他们日常讨论的主题之一。

2.6.2 体验设计与即时满足的消费逻辑

开箱与盲盒：即时惊喜的快感

年轻一代消费者乐于尝试带有游戏化机制的购物体验。其中，盲盒和开箱等模式能够瞬间激发他们的购买欲望与好奇心。当一个二次元角色周边藏于不透明的包装内，等待消费者拆封，这个过程本身便成为一个娱乐事件。

即时满足感正是此类模式的关键。年轻人享受短、平、快的愉悦，不需要漫长等待或复杂决策，就能在几秒之内获得小小的惊喜。这样的购物体验为二次元商品增添了特殊的仪式感，令购买行为本身成为可被分享的欢乐瞬间。

限时促销与季节限定：时间稀缺性的情境营造

年轻消费者在面对"时间有限"或"数量稀缺"的消费信号时，更容易下定决心。二次元商品在重大档期、节日或特定季节推出限定款，塑造一种独特的氛围，让消费者产生"现在不买就错过"的心理暗示。

这种节奏感的设定，让年轻人无需长期考虑或深度比较，便会迅速决策。他们愿意为一件只在冬季发售的周边付出溢价，为的是在社交平台上第一时间展示自己的尝鲜能力。这种即时消费文化与年轻人的生活节奏和审美偏好吻合，使二次元商品在竞争中占据高地。

2.6.3 社交属性与情境嵌入的营销策略

品牌故事与创意叙事辅助

单纯依靠商品外观或价格已难以持久俘获年轻人的心。为此，二次元商品的幕后团队开始重视叙事手法，以品牌故事、制作花絮、创作者访谈等内容为商品增值。尽管这类背景讲述并非直指粉丝文化或情感价值，却仍能打造出具有温度的形象，并在潜移默化中塑造品牌个性。

在年轻消费者的购物链路中，背后有故事的商品往往更有吸引力。哪怕只是轻描淡写地提及灵感来源或设计理念，也足以激发他们的好奇心与讨论欲望，让他们更认同商品背后的创意。

场景化营销与生活方式共鸣

年轻人注重生活方式的一致性。他们期望商品能融入自己的日常情境，而不是孤立的存在。二次元商品若在营销中强调某种特定使用场景（如居家装饰、旅行伴侣、学习文具加分项），即赋予商品真实可感的应用价值。

这种场景化营销帮助消费者构建使用商品的想象图景：一个精美的角色立绘挂件或许能装点宿舍的书桌，一个主题化的水杯能陪伴健身后的休憩时刻。这类细微却生动的场景铺陈，让年轻人更容易将商品纳入自己的日常轨迹。

2.6.4 数字化交互与个性化表达的加持

数字科技为周边增色

借助 AR、智能芯片、定制应用程序，一些二次元周边不再停留于静态摆设。当年轻人用手机扫描手办底座获取附加内容，或透过专属

App 为角色着装、换色时，互动维度的增加让商品更具科技感与未来感。

这类数字化交互在不直接诉诸粉丝身份或情感共鸣的前提下，为商品增添新奇体验。年轻消费者喜爱尝试新功能和探索数字创新，当二次元商品满足这点小小的求知欲和猎奇心时，他们更愿意为此买单。

个性化选择与设计参与感

年轻人强调自我的个性化表达，不满足于千篇一律的成品周边。定制化的选项，如选择角色配色、替换饰品部件、添加个人代号，都能让消费者在购买行为中感受到创意主导权。

这种不以粉丝社群为中心，而是以粉丝审美为导向的个性化策略，有助于将二次元商品打造成彰显个人风格的媒介。年轻人在定制过程中获得满足感和存在感，从而对商品形成正向评价和持续关注。

2.6.5 价值观对齐与品牌理念植入

社会议题与负责态度的表率

如今的年轻人关心环保、平等与社会责任。他们更乐意购买与自身价值观相契合的商品。当二次元品牌在周边制作中强调环保材质、捐出部分收入支持公益项目、与慈善机构合作时，即使不深入探讨粉丝归属和集体荣誉，也能赢得年轻消费者的好感。

这种理念植入并不必然触及粉丝文化的本质，而是在更宏观的层面上建立品牌与年轻人之间的价值共鸣。当年轻人认同品牌的理念时，购买就不仅是消费行为，更是一种态度的表达。

健康、积极的娱乐观念传递

当二次元商品通过设计、色彩和使用场景倡导积极、健康的生活态度时，年轻人往往更容易被吸引。无论清爽明快的配色、鼓励在"宅娱乐"之余保持运动的主题设计，还是呼吁用创造力丰富日常的图案陈设，都能在心理层面触动消费者。

这类价值观告诉年轻人，二次元商品不只是外观可爱，更能丰富日常体验。这使品牌形象提升，即使未正面涉及粉丝归属感，也能在年轻用户间形成正面的反馈。

Chapter 3
第三章 IP是怎样炼成的

IP,是现代文化的货币,也是连接虚拟与现实的桥梁。从一段叙事到跨界品牌,它不仅延展了娱乐的边界,也重塑了消费行为与情感认同。这种虚实交错的背后,到底隐藏着怎样的逻辑与策略呢?本章我们将进行深入剖析。

3.1 从构想到成品：IP的诞生过程

每一个成功的IP都像一座精心构筑的城堡。从构想到成品，它的建造过程融合了创造力、策略与细节打磨的艺术。背后隐藏的是严谨的逻辑、丰富的想象力，以及对市场与受众心理的深刻洞察。无论故事的原型构思，还是角色的视觉设计，这一切都为IP的长久生命力奠定了基础。

3.1.1 故事原型与世界观架构的萌芽

任何一个让人铭记的IP，其背后都有一个让人沉浸的世界观和富有张力的故事。这不仅是构建IP的起点，更是未来扩展的重心。一个完整的世界观犹如地基，不仅要坚固，还需要灵活，能够承载叙事的复杂性和多样性，同时为未来的多元化发展预留足够的空间。

在创作之初，主创团队通常从一个基础的故事原型出发，围绕核心主题展开叙事设计。这一过程远不只是"讲一个好故事"，而是建造一个能够让受众"住进去"的叙事空间。这个空间包含了角色关系的网络、时代背景的演化、文明体系的逻辑，以及价值观的层次化表达。一个角色如何影响剧情的发展，如何与其他角色的行为形成对比，这些都需要在世界观框架中有条不紊地设计。

初期的构思往往伴随着大量的试错。一个成功IP的打造不会一蹴而就，而是在不断推翻与重建中逐步完善。一个平淡无奇的角色可能因为缺乏吸引力被舍弃，故事的叙事逻辑可能因结构松散而重写。甚至一个场景的设定，比如某种文化符号的使用，也可能因为过于同质化而被重新设计。这些试探与调整并非浪费，而是筛选出真正有价值元素的必要过程。只有能够在这一过程中显现独特性，并触动人心的创意，才能成为IP得以延续的精神内核。

真正打动人心的创意，往往不是宏大的，而是细腻的。一句发人深省的对白，一段触动心弦的旋律，一处看似不起眼却饱含深意的场景细节，都可能成为受众记住这个作品的关键。例如，《来自深渊》虽然讲述了一个波澜壮阔的地下冒险故事，但更令人动容的是那些极为精致的细节：每一层深渊的生态环境都有其独特的规则与生物链；遗物的用途和设计充满了神秘感与逻辑；甚至角色间不经意的对白都透出对生命、友情与探索的深刻思考。这些细节共同构筑了一个充满真实感与深度的世界，使受众在冒险故事之外，感受到深邃的哲思与强烈的情感冲击。

3.1.2 美术风格与角色设计的多重打磨

如果说故事和世界观是IP的内核，那么角色设计就是它的外壳，是IP最直观的识别符号。在一个信息过载的时代，角色设计不仅是吸引受众的第一步，更是IP经济属性的重要承载。一个成功的角色不仅是叙事的焦点，更是未来商业化的重要抓手。从衍生品到跨界营销，角色设计的好坏直接影响IP的经济潜力。角色设计的过程极为复杂，需要在艺术审美与市场需求之间找到最佳平衡点。

首先是概念的诞生。在这个阶段，设计师会根据角色的设定，包括性格、背景、能力等要素，勾勒出最初的形象。一个具有冷酷性格的角色可能会被赋予锐利的眼神与利落的线条，而一个充满活力的角色则可能拥有更鲜艳的配色与夸张的动作。

其次是细节的完善。设计师会反复打磨角色的每一个元素，从服饰的纹理到配件的位置，从面部表情到肢体语言，所有的细节都需要紧密配合角色的定位与IP的整体风格。角色服装的选择不仅要符合世界观设定，还需要考虑未来衍生品的可行性。一件复杂的服装可能会增强视觉效果，但如果在手办制作中成本过高，可能会影响最终的商业价值。

角色设计还有一个关键点，在于其独特性。市场上的同质化竞争日益激烈，只有那些能够迅速脱颖而出的角色，才能吸引受众的注意力。独特性可以通过多个维度实现，例如，角色的标志性配色、独特的发型设计，甚至是某些特定的行为。例如，《海贼王》的路飞，其草帽、红色背心和标志性笑容不仅让人过目不忘，还成为其在市场中极具辨识度的核心符号。

角色设计的最终成品通常需要经历概念草图、立绘设计、三视图构建，以及最终的3D建模等多个阶段。在这一过程中，每一个细节都可能因技术需求或市场反馈而被重新调整。在一个偏向青少年群体的IP中，设计师可能会弱化角色身上的成熟感，强化更具活力和动感的表现形式，以更好地贴合目标受众的审美偏好。

角色设计的成功，直接决定了一个IP的潜在扩张空间。一个能让人看一眼就爱上的角色，不仅是动画分镜中的主角，也是玩具货架上的焦点，甚至可能成为社交平台上的流行表情包。在创意经济中，视觉符号是一种"第一眼经济"——能否吸引受众的目光，直接影响IP的命运。

3.2 市场预判与用户心理把握

IP的成功不仅依赖出色的创意和精良的制作，更需要精准的市场预判和对用户心理的深入理解。在作品从概念到现实的转化过程中，市场团队的作用至关重要。其通过用户画像的勾勒、细分市场的策略及早期测试的反馈，帮助创作者找准方向，并不断优化作品的表达方式。

3.2.1 目标受众定位与细分市场策略

定位：明确方向的第一步

创意的诞生只是 IP 孵化的第一步，从初步构想到交付市场，每一个成功的 IP 都必须经历一个精细的目标受众定位过程。目标受众的定位决定了创作内容的内核，也为后续宣传推广、商业化开发奠定了基调。

在明确受众之前，首先需要回答的问题是：这部作品究竟想要触达什么样的人群？是青春校园题材中追求懵懂情怀的青少年，还是热衷幻想冒险、沉迷宏大叙事的幻想迷？或者，它的目标受众是那些注重生活品质、对内容有较高鉴赏力的都市白领？不同受众在审美趣味、消费能力、社会角色、价值观层面上存在极大差异，因此精准定位是市场策略的重中之重。

在具体实施中，市场团队会结合数据分析和行业经验，为 IP 绘制出细致的用户画像。比如，青春题材的影视作品，其目标人群通常聚焦于 16 至 25 岁的青少年；魔幻冒险类内容，可能吸引年龄跨度更大的受众，从热爱二次元文化的中学生到拥有独特审美偏好的青年不等。这些画像不仅包括基本的人口统计学数据（如年龄、性别、地理位置），还涉及用户心理层面：他们对角色性格的偏好、对剧情的共鸣及对艺术风格的接受度。市场团队通过精准洞察，能够为主创团队提供更明确的创作方向，使得内容设计与目标受众的心理需求更加贴合。

细分市场策略：动态优化的进阶之路

市场定位并非一成不变，而是动态的、不断优化的。在 IP 运营的初期阶段，核心目标通常是聚焦一小部分忠实粉丝。通过这些忠实粉丝的大力支持，IP可以快速建立起一个基础受众圈，形成品牌的初步形象。这些忠实粉丝往往在目标群体中最具传播力与影响力，能够通过自身的社交网络与话题带动更大范围的讨论，为IP积累早期声量。

然而，仅仅依赖忠实粉丝并不足以支撑IP的长久发展。在巩固忠实粉丝的同时，主创团队需要逐步尝试触达更广泛的用户群体。在这个过程中，保持对市场动态和用户心理的敏锐洞察显得尤为重要。随着社会审美趋势的变化，观众对角色形象的期待可能从"传统的正义英雄"转向"更真实、更复杂的反英雄"；在剧情层面，以往单一的线性叙事可能不再受欢迎，观众更倾向于追求多线程、多视角的叙事结构。主创团队必须灵活应对这些变化，随时调整角色阵容、剧情发展和艺术风格，以确保内容始终保持新鲜感和吸引力。

动态优化的另一个关键点在于用户反馈。通过定期调研和分析粉丝的讨论，市场团队能够快速捕捉用户对IP的关注点及潜在的不满。当某些角色意外受到热捧时，团队可以迅速增加该角色的戏份；相反，如果某些设定遭到质疑，则需要果断调整甚至删减相关内容。可以说，这种以用户为核心的动态调整机制，是IP市场化过程中必不可少的一部分。它不仅决定了IP是否能在竞争中脱颖而出，更直接影响其长远发展。

3.2.2 调研与试播：小范围测试的关键意义

试播测试：验证创意的必经之路

在一个IP的核心世界观、角色设定和故事线条初步成型后，小范围测试和试播成为不可忽视的关键环节和必经之路。这一阶段的主要目的是通过有限的观众反馈验证创意的可行性，同时为后续的优化提供数据支持。小范围测试通常采取多种形式，例如，先行PV（预告片）、概念预告、内部试玩等。这些形式的共同特点是投入成本相对较低，但能够迅速捕捉目标用户的第一反应，为后续创作提供真实、可量化的参考依据。

试播测试的重要性在于它能够提前暴露潜在问题。在动画领域，试播会通过提前向核心观众播放部分内容的方式，测试角色设定是否吸引人、剧情节奏是否紧凑、艺术风格是否契合目标受众的审美。如果观众对某些角色表现出强烈的好感或反感，主创团队可以迅速做出调整；如果故事节奏被批评为过于拖沓，则可以进一步优化叙事节奏。这些调整能够显著提高内容的质量与市场适配度，从而避免在正式发布时获得过多的负面反馈。

在游戏开发中，Beta测试（公测前的试验阶段）是验证玩法和技术细节的重要步骤。一款角色扮演游戏可能在Beta测试中发现某些技能设定过于强大，破坏了整体平衡性；某些任务设计过于烦琐，影响了玩家的沉浸式体验。这些问题通过测试被及时发现并解决，不仅可以提升游戏的用户体验，还能大幅降低上线后的风险。

反馈数据：优化创作的核心依据

调研与试播最大的价值在于它所产生的真实反馈数据。这些数据往往以定量和定性两种形式存在：定量数据（如评分、点击率、完成率等）能够直观反映用户的整体接受度；定性数据（如用户的具体评论、讨论的热门话题等）则可以揭示隐藏在数字背后的深层次问题。比如在一部冒险题材动画的试播中，定量数据显示评分较高，但用户评论中反复提到"反派角色设定过于单薄""主角的成长动机不够清晰"。这些反馈为创作者指明了优化方向，使得作品能够更加贴合用户的心理预期。

在调研反馈的基础上，团队还可以运用现代数据分析工具对用户行为进行深入挖掘。通过用户观看时长的分布图，可以发现故事中哪一段情节最吸引人，哪一段最容易让人失去兴趣；通过评论关键词的频率统计，可以总结出用户对角色和剧情的主要情感倾向。这些细致的数据分析，为创作者提供了具体且具有操作性的改进建议。

试播机制：IP 孵化的护航屏障

试播机制可以看作一种"试水"策略，它为 IP 的正式上线建立了一道保护屏障。通过试播提前发现问题，团队得以在有限的时间和成本内对作品进行调整，大幅降低了上线后的失败风险。例如，一款面向女性用户的恋爱养成游戏，通过小范围测试发现部分情节设计过于陈旧，与当下年轻女性的心理需求不符。在收到反馈后，团队迅速重新设计相关内容，最终游戏在正式发布时赢得了大量好评。这种试播机制，不仅提升了作品的质量，也为团队积累了宝贵的经验。在试播过程中，团队可以逐步探索最优的创作路径，明确目标受众的偏好和痛点，从而为 IP 的持续开发奠定坚实的基础。无论动画、游戏、漫画还是影视作品，这种"小范围测试—调整优化—正式上线"的流程，已经成为现代内容产业中不可或缺的环节。通过这一机制，创作者能够最大限度地将风险降至最低，为 IP 的市场化和长期发展争取更多可能性。

3.3 品牌塑造与舆论场的价值管理

一个成功的 IP 不仅是内容创作的集合体，更是一个能够持续延展和再创造的文化品牌。在竞争激烈的文化消费市场中，品牌塑造与舆论场的价值管理成为使 IP 拥有长久生命力的关键双引擎。通过构建独特品牌形象、精准把控舆论环境，以及依托大数据进行舆情监控，IP 不仅能在市场中占据一席之地，还能在不断变化的受众需求中保持较强的吸引力。

3.3.1 超越作品本身：品牌价值的累积

品牌视觉的识别力

一些成功的IP会选择以主角形象作为品牌的核心视觉符号，通过角色的服饰细节、表情动态和动作语言，展示作品的整体气质。标志性的吉祥物设计也常见于许多跨媒体IP中，例如，动漫作品中以Q版角色作为营销形象，不仅能吸引年轻观众，还能通过开发周边进一步扩大品牌的影响力。

这种视觉识别的意义在于，它能够帮助IP快速在受众心中建立认知。当受众看到某个独特的色彩组合或设计风格时，能够立刻联想到该IP的主题和内容，这种快速联想是品牌记忆形成的关键。

内容持续性与多元扩展

在品牌形象确立之后，持续输出内容是品牌价值累积的核心所在。一个成功的IP不仅需要通过作品本身吸引受众，还需要在时间的推移中不断丰富世界观、扩展角色阵容，并推出多样化的衍生内容，以保持受众的新鲜感和黏性。

一部成功的动画作品在播出结束后，可能会通过番外篇、角色个人故事或以新角色为主线的续集来拓展内容版图。这不仅能够稳固现有粉丝群体，还为吸引新粉丝提供了可能性。此外，IP可以借助不同的内容发布形式，如动画特别篇、游戏联动活动、小说改编，将品牌价值渗透更多元化的渠道中。品牌的价值还需要通过与粉丝的持续互动来巩固。比如角色生日庆祝活动、线上投票选出最受欢迎角色、定制化角色语音包等方式，能够增加粉丝的参与感。这种直接互动不仅能提升粉丝对IP的忠诚度，也为品牌的长期运营积累了更多用户数据和行为洞察。

多平台曝光与市场活动

全方位的市场活动是品牌塑造中不可或缺的一部分。通过多平台曝光，IP能够在不同的人群中建立知名度。社交媒体是当下最重要的传播工具。IP可以通过在热门平台发布独家花絮、幕后采访等，吸引潜在用户的关注。

同时，参与行业展会和策划主题活动也是品牌塑造的重要手段。动漫展会中IP专属展台的设置，不仅能够吸引核心粉丝前来参与，还能通过活动现场的互动，进一步提升IP的曝光度。类似的主题活动还包括角色生日派对、限定商品发布会及联名快闪店，这些活动通过创造独特的参与体验，使粉丝在现实中建立与IP的情感连接。

3.3.2 舆论场中的评判与口碑塑造

积极口碑的传播效应

舆论场的表现直接影响IP的市场热度与商业表现。权威媒体的评论为IP提供专业的信誉背书，而社交媒体上的粉丝互动则是扩大影响力的有效方式。尤其是在粉丝圈中，"安利"（推荐）文化与"自来水"（自发宣传）模式，能够快速推动IP从核心粉丝圈走向更广泛的公众视野。

一个典型的案例是，在IP推出的初期，团队可以邀请核心粉丝参与试映或试玩活动，并通过他们在社交平台上的自发传播，建立初期的市场认知。例如，一部动画在上映前发布了一个引发强烈情感共鸣的预告片，核心粉丝在社交媒体上热烈讨论，不仅吸引了更多潜在观众，还让预告片本身成为热点话题。

舆论风险的敏感管理

然而，舆论的发酵也是一把双刃剑。良好的口碑能够大幅增强IP的市场表现，负面的评价可能迅速削弱潜在受众的信任。因此，团队必须保持对舆论的高度敏感性，并在内容优化、用户体验和线下互动方面主动塑造正面形象。

在面对负面舆情时，团队需要快速反应。如果某部动画因角色设定或情节安排受到争议，制作方可以通过公开声明或幕后分享的形式，解释设计背后的用意，减少误解。同时，团队还需在舆论发酵初期及时介入，通过透明的沟通方式防止负面情绪进一步扩大。

在长期运营中，举办主题活动是改善品牌形象的重要手段。比如角色见面会或粉丝答谢活动，不仅能直接回应粉丝的支持，还能通过增强参与感来拉近品牌与粉丝的距离。这些活动中的正面反馈会反哺舆论场，为IP创造更稳固的口碑基础。

3.3.3 大数据的舆论与品牌运营

数据驱动的舆情监控

在数字化时代，舆情监控是品牌塑造和舆论管理的重要工具。通过追踪IP在不同平台的点击量、观看时长、评论数量及用户情感倾向等数据指标，团队能够精准掌握IP的市场表现和用户需求。通过分析某段动画或游戏情节的播放量与点赞数，可以发现最受用户欢迎的内容类型，并将这一优势延续到后续创作中。

数据分析不仅能帮助团队发现作品的不足，还能为营销策略提供依据。如果某角色在评论区中受到广泛好评，团队可以迅速推出该角色的周边，以满足用户需求；而针对某些争议情节的负面评价，团队可以根据数据调整后续剧情发展方向，从而扭转市场情绪。

实时应对市场变化

舆情监控可以帮助团队及时应对市场变化。特别是在IP推广的关键节点，如新作发布、联名合作期间，舆情数据能够为团队提供实时反馈。比如在一次联名活动上线后，通过分析粉丝对不同产品的购买倾向，团队可以快速调整库存比例，最大化销售收益。同时，如果发现部分粉丝对活动反应冷淡，团队可以借助数据分析找出原因，并迅速采取补救措施。

舆情监控还能够辅助IP在国际市场的扩展。通过对不同区域用户评论的分析，团队可以了解各地用户对角色、剧情的接受程度。这种信息不仅能帮助IP调整国际化策略，还能使IP在全球市场中找到新的增长点。

在数字化舆情的支持下，团队不仅能够更精准地把控市场动态，还能通过数据指导内容创作和营销布局，为品牌价值的积累提供持久动力。

3.4 IP授权与衍生产品的互利共生

一件印有角色形象的文具，一幅精美的海报，这些小小的衍生品，不仅延续了故事的魅力，也承载了粉丝的情感。IP授权的背后，是对角色与品牌的深层信任。

3.4.1 授权机制的商业逻辑

从版权管控到标准化授权体系

当一个IP具备清晰的版权归属与品牌标识后，授权将成为其文化与价值扩散的重要手段。授权机制通过签订合约、明确权益与责任，为创作方与被授权企业之间建立起法定的合作框架。

在这一过程中，IP持有方（通常为原创团队或版权公司）凭借成熟的授权规范来严格监控产品质量、造型风格、使用场合与宣传策略，从而确保品牌形象的一致性。标准化的授权流程既避免了无序开发，也减少了低质量仿制品对IP信誉的侵蚀。授权使得IP得以在合法、可信任的商业环境中实现多点开花，为后续产品线的延展提供可持续的制度保障。

风险分担与收益共享

通过授权，IP持有者不必自行承担全产业链开发的巨大投入与风险，而是可借助专业厂商的制造、销售、渠道能力拓展业务版图。被授权方则可直接借用热门IP的影响力为自身产品赋值，快速进入目标市场。

这是一种双赢格局：IP方不必从零开始积累产能与建立销售网络，而合作厂商无需花费过多的人力、物力和财力去塑造品牌故事与角色形象。双方的互利关系在实际操作中常表现为有效分工。其中，IP方重点关注品牌定位与监督，厂商专注于工艺优化与成本控制，形成互信互利的产业链生态。

3.4.2　多品类衍生与市场联动

从传统周边到日用消费品的跳跃

IP授权的最大价值在于突破单一品类，产品形态从最初的徽章、海报等基础周边拓展至生活日用品、运动装备等。

这使IP不再局限于粉丝收藏品的范畴，而是进入他们的日常消费清单。即使消费者并非深度粉丝，他们也可能被产品的设计和美感吸引,从而无意识地参与了对IP的再传播。种种周边林立市场,不仅提升了IP的品牌知名度,也让其在更广泛的消费人群中获得共鸣。

渠道下沉与跨区域扩张

授权体系使得IP可以通过被授权方在不同地域、不同渠道同时铺货。无论线上旗舰店,还是线下主题快闪店,抑或海外代理商,皆可借助授权协议推动IP向更大范围扩散。

这种多渠道、多区域覆盖的策略让IP渗透各种消费场景。当受众在超市货架、电子商务平台、机场免税店等多元空间重复遇见某IP时,便强化了对该IP的印象,也使品牌心智更加稳固。

3.4.3 创意升级与品质背书

被授权方的创新动能

为了在拥挤的周边市场中脱颖而出,被授权方在设计产品时往往需要不断创新。特殊材质的应用、独特工艺的呈现、限量款与定制化服务的推出,都有利于突出差异点。

这种创新动能为IP带来新鲜血液:原本只有二维形象的角色,或许会以AR特效、交互式玩具、实用化生活器具的方式出现在消费者面前。被授权方的创造力不但满足了消费者的好奇心,也为IP持有方探索新的商业可能性铺平了道路。

官方授权的信誉与信任感

在市场充斥大量劣质周边的情况下,"官方授权"成为消费者筛选优质产品的捷径。当消费者看到授权标志时,便可确信该商品背后有经过审慎评估的品质管控与品牌背书。

这种信任感使衍生产品的消费群体扩大，许多不熟悉IP的普通消费者可能出于对品牌质量的信任而购买产品，并在使用过程中逐渐接受和理解IP的内涵。这种品质背书机制，让IP授权成为品牌价值传递的重要通道。

3.4.4 社群反馈与迭代提升

以销售数据与用户体验为导向的优化

官方授权周边在市场上直接面对消费者。销售数据、评价反馈、重复购买率等量化指标，为IP方提供真实可感的市场信号。如果某类产品反响平平，则可能说明消费者对该题材或品类不感兴趣；如果某个联名款大获成功，则预示了衍生品进化的方向。

通过对这些数据的分析，IP和被授权方能够明确用户需求，从而在下一轮产品设计与授权合作中做出更精准的决策，不断吸收市场信息，反过来增强IP及其衍生体系的健壮度与灵活性。

线上社群互动与粉丝共鸣延续

在网络社群中，消费者习惯分享购买体验、晒出产品照片。这些实时互动不仅为其他潜在消费者提供购买参考，也为IP运作团队与合作厂商提供一线反馈。

社交媒体与粉丝社区的活跃，使得IP相关话题不断发酵与扩散。当周边的质量与创意得到认可时，人们乐于在圈内外传播，从而形成品牌口碑的正向循环。这种口碑效应在多轮迭代中层层加码，使授权生态呈现出良性的自我强化机制。

3.4.5 产业联动与生态深化

从单点授权到产业链协同

当授权关系日益稳固时,参与方可能不再满足于单次或短期合作,而倾向于建立长期、深度的产业链协同关系。一些厂商由此获得独家授权资格,与IP方在选品、策划、营销层面紧密沟通,甚至参与新角色造型、场景设定的早期讨论。

这类深度合作使IP产业生态更加紧密,以至于授权商与被授权商的分野逐渐模糊,演变为一种共同创造、共同分享的合作伙伴关系。

多层次价值叠加,增强文化影响

透过授权,让IP在不同形态的产品中实现文化意义的扩散——一个精美的杯子、一款特色手机壳、一组印有经典角色形象的贴纸,都可能在日常生活中充当微型文化载体,协助消费群体理解和欣赏IP背后的审美与理念。

当衍生产品的品类与渠道日渐丰富时,IP的文化影响力在社会各阶层得到层层放大。最终,这种互利共生的关系,不仅在商业领域创造出巨大的经济价值,也为二次元文化融入更广泛的社会消费中贡献力量。

3.5 热门IP如何制造文化现象

人们不禁要问:到底什么样的IP才能突破坚硬的圈层,成为广受追捧的产品,甚至成为一种文化现象?从设计之初到全民热议,它们的成功是有规律可循，还是源于时代的偶然馈赠？

3.5.1 极具辨识度的传播符号

午夜的东京街头，数万名年轻人涌向武道馆，手持蓝绿色荧光棒，穿着印有虚拟歌姬形象的T恤。他们脸上带着兴奋与期待，因为即将登场的是那个他们熟悉又心动的人物——初音未来。舞台灯光骤然暗下，屏幕上出现初音未来标志性的双马尾和微微上扬的笑容。音乐响起，观众挥舞荧光棒，齐声高呼。

初音未来是基于声音合成软件 Vocaloid 创建的虚拟歌手，通过使用者输入的歌词和旋律即可生成演唱音轨。前述场景发生在初音未来的全球巡回演唱会中，令人惊讶的是，这场演唱会中的大部分歌曲都不是专业音乐公司制作的，而是粉丝的原创作品。有人为了她学习编曲，有人创作了歌词，有人甚至将她与自己的故事融入歌曲，上传至网络，获得无数点赞。更特别的是，初音未来的舞台形象和声音背后并非真实的歌手，而是一个声音合成软件与二次元艺术形象的结合体。

从声音合成软件的角色到全球粉丝的创作中心，初音未来不只是虚拟偶像，更是一种文化现象的代名词。她的标志性形象、主题曲的旋律和粉丝催生的滚雪球效应，让这个IP的影响力超越了二次元文化，进入音乐与创意产业的核心。

制造文化现象，离不开鲜明的传播符号。初音未来之所以能迅速吸引全球粉丝，关键在于其极具辨识度的特质。她的外形设计——标志性的蓝绿渐变发色和现代化服装成为可被一眼识别的符号。她的音乐生态——开放版权的UGC模式吸引了无数创作者贡献灵感。基于这些特点，她不仅仅是声音库与二次元形象的结合，更成为连接创作者和粉丝的桥梁。

由粉丝推动的创作模式，如同为IP注入了源源不断的生命力。正是因为粉丝主动参与和自发传播，初音未来从"虚拟歌姬"升级为一个创意共同体的核心符号。她的成功故事为其他IP的发展提供了启示：鲜明的艺术符号是文化现象的起点，而开放的生态则是传播的助燃剂。

3.5.2 借力新媒体与社交平台

最近几年，估计看到本书的你，很难没听过《原神》这个名字。就算你不玩游戏，你的朋友可能玩；就算身边的朋友不玩，你刷微博、B站时，随手点开的表情包、短视频，都可能有《原神》的影子。它就像一场无声的狂欢，悄悄地，从游戏圈蔓延到了整个网络文化圈。

但和固有印象不同的是，这个现象级的IP，并不是靠传统广告铺出来的，它走了一条"野路子"。《原神》的团队成员深知，他们没法直接"砸钱"让所有人立刻爱上这款游戏。他们能做什么？他们能让那些已经爱上《原神》的人，替他们说话。B站的弹幕彩蛋、小红书的同人画作，甚至微博上的搞怪表情包，都是玩家自发创作的。这些内容一传十，十传百，传到最后，连圈外人都忍不住问："这是什么？这么多人讨论，我是不是也该试试？"

而这背后有更有趣的一点。《原神》不像传统游戏那样试图牢牢控制话语权。相反，它是松散的和自由的。你爱画同人画，那就画吧；你爱做攻略视频，那就做吧；你甚至可以把它做成表情包，开发团队不会拦你，甚至可能暗中点个赞。《原神》就像一块海绵，吸收了玩家的热情，又将这份热情反哺，形成了一个巨大的传播回路。

可以说，《原神》的成功，证明了一件事：内容的影响力，不在于它能让多少人记住，而在于它能让多少人加入创作。你越开放，越愿意让别人"占便宜"，就越能在新媒体时代站上风口浪尖。

你可能会问："这真的可复制吗？"我只能说，这是一种胆量，也是一种信任——对用户的信任，对IP本身魅力的信任。或许，这才是新媒体时代最值得学习的地方。

3.5.3 线下活动与媒体事件

如果说新媒体裂变传播是IP扩散的发动机，那么线下活动就是让这个发动机从虚拟转到现实的重要齿轮。一个IP能否成为真正的文化现象，在很大程度上取决于它能不能成功落地，能不能让人们在线下遇见它。

比如《名侦探柯南》，这个被称为"永远的小学生"的IP已经活跃了将近三十年。柯南的魅力，当然离不开每年一部的剧场版。然而，光靠剧场版撑起热度是不够的。它的成功，更在于将剧情、角色和经典场景搬到了线下：主题展览、快闪店、联名咖啡馆，甚至商场中的陈列活动。粉丝不仅能看到那些熟悉的道具和场景，还可以进入故事中，和主角进行沉浸式互动。这些体验，对于老粉丝来说是一场情怀之旅；对于圈外人来说，则可能成为吸引他们加入的新契机。

更绝妙的是，当这些线下活动有了一定规模时，媒体的报道自然随之而来。从地方新闻到时尚杂志，再到社交媒体的打卡热潮，活动的传播力被进一步放大。比如，有多少人第一次知道《名侦探柯南》IP的联名咖啡馆，是因为朋友的朋友圈照片？又有多少人第一次参观《名侦探柯南》主题展，是因为无意间刷到了新闻报道？这种"偶然遇见"，正是线下活动与媒体事件相结合产生的独特魅力。

线下活动的意义，不仅是为粉丝提供参与感，更在于使IP从平面变成立体。当一个IP能被看见、被触碰，甚至被品尝时（比如联名餐品），它就不再只是一个屏幕上的符号，而是成为人们日常生活的一部分。《名侦探柯南》靠剧场版维持热度，靠线下活动扩圈；《原神》靠社交裂变传播，未来也完全可以走类似的落地路线。这些成功案例都在告诉我们，线上和线下结合，才是一个IP真正成为文化现象的关键。

3.5.4　IP的跨界合作

成功的IP，往往是一个懂得"出逃"的玩家。它从自己的原生世界走出，通过与其他行业巧妙结合，渗透人们的日常生活中。它可能出现在茶饮包装、地铁广告、潮流服装上，甚至成为你的手机开机画面，或者一件日常穿的T恤上的图案。优秀的IP懂得如何从虚拟走向真实，用最自然的方式告诉你：它就在你的生活里。这种跨界合作不仅延续了IP的生命力，也成为谷子经济中的重要一环。

品牌联动：IP的无缝潜入

IP的跨界合作并非一蹴而就，而是通过不断尝试寻找最恰当的结合点，让IP融入更多生活场景。例如，《王者荣耀》通过与多个行业品牌联动，成为一个擅长"潜入"的高手。从奶茶包装到汽车定制，从主题乐园到限量潮服，这款游戏的角色正在悄无声息地进入人们的日常生活。

1. 轻触式生活化渗透

《王者荣耀》的跨界方式，不是简单地将游戏角色搬到其他领域，而是融入生活的细节中。比如，你可能会在购买奶茶时，看到一个英雄的形象设计融入杯套；走进快闪店，你会发现商品陈列直接还原了游戏中的经典场景。这种设计不是硬性宣传，而是通过一种熟悉又新鲜的方式，让IP自然地进入消费者的视野。甚至那些没有接触过游戏的人，也可能因为这些设计对IP产生初步兴趣。

这种生活化渗透，不仅让IP摆脱了"圈内"属性，还创造了接触新受众的机会。跨界联动的本质，不是"强推"，而是"轻触"。当消费者手中的奶茶杯或者眼前的广告设计引发了"这是谁？"的好奇心时，IP的影响力便已经开始扩散。

2. 联动内容的美学统一

跨界合作的难点在于，如何保持品牌与IP之间的美学统一。《王者荣耀》在跨界联动时，始终坚持将游戏的艺术风格融入联动设计中。例如，在与汽车品牌的合作中，不是简单地印上英雄图案，而是根据角色色调和特点，设计出具有专属辨识度的车身配色和内饰方案。这种深度结合让消费者不仅感到好看，还能从中感受到IP背后的故事与精神内核。

IP还可以通过这种联动提升自身的格调。与高端潮流品牌合作，不仅为IP带来更广泛的关注，也借助品牌的文化影响力，赋予IP新的价值。这种美学语言的延展，不仅帮助IP成功"出圈"，更让它成为年轻消费者生活方式的一部分。

3. 体验式场景的沉浸感

除了视觉设计上的融入，体验场景的打造也是跨界合作的重要手段。例如，《王者荣耀》在主题乐园中搭建了一个全景化的游戏场景，让游客置身于虚拟战场中。这种沉浸式体验让IP不再只是"屏幕中的存在"，而是成为一个可以感知的实体。在这样的场景中，消费者通过五感全面接触IP，使消费者与IP之间的情感纽带更加牢固。

艺术与文化：IP的跨界跃迁

跨界合作并不仅仅局限于商业品牌之间的联动。IP还能在教育、文化领域推动更深层次的合作。这种合作不仅提升了IP的文化价值，也使其摆脱了原生圈层的限制。

1. IP 与艺术结合

当 IP 从娱乐消费向艺术领域延展时，其形象不再只是"好玩"的符号，而是成为能够引发深度思考和共鸣的文化元素。

2. 融入教育领域

IP 形象的强视觉性和故事性，使其成为教育领域的理想载体。比如，一些 IP 被用于美术课堂上，帮助学生掌握角色设计、场景创作等技能。这种教育与 IP 的结合，不仅拓展了 IP 的应用场景，也增强了其社会价值。在某些科学课程中，虚拟角色还可以作为教学助理，帮助学生通过趣味互动理解复杂的知识点。

3. 文化节庆与公共空间的合作

跨界合作还有一种形式是 IP 与城市文化活动的结合。在一些城市的灯光节上，经典 IP 被投影到建筑物上，与当地历史文化形成对话。这样的合作不仅增强了 IP 的影响力，还让其成为城市文化的一部分，增加了公众对 IP 的认知。

多行业融合：IP 价值的横向延展

IP 跨界合作的核心在于它能够通过多行业融合，创造出超越原生领域的价值。这种横向延展，不仅帮助 IP 拓展市场，也为合作行业注入了新的活力。

1. 潮流与时尚领域

近年来，IP 与潮流服饰联名逐渐成为跨界合作的主流形式。无论耐克推出的《火影忍者》联名运动鞋，还是优衣库与《海贼王》的合作 T 恤，这些产品都在年轻消费者中引发了购买热潮。IP 通过这种方式进入消费者的衣橱，进一步加强了其在日常生活中的存在感。

潮流领域的成功联动还在于它能够将 IP 的故事性融入产品设计。

比如一款联名运动鞋不仅印有角色图案，还可能通过配色和材质暗示角色性格，甚至在鞋盒包装中附带角色相关的背景故事。这种细节的融入，让IP与产品之间形成了一种有机结合，而非简单的商业交易。

2.餐饮行业的主题化体验

IP与餐饮行业的结合，不仅为品牌带来了流量，也为粉丝提供了新的消费体验。比如《哆啦A梦》的主题餐厅通过卡通化的菜单和周边，让粉丝仿佛置身于动画世界中。与此同时，限量的主题饮品或甜点也成为粉丝追逐的热点。餐饮行业的灵活性为IP的跨界合作提供了更多可能性。

3.科技与数字领域的渗透

IP与科技领域的合作，为其带来了更多数字化体验的可能。虚拟偶像与智能语音助手的结合，让IP成为家庭生活中的助手。此外，一些经典IP通过与AR或VR技术公司合作，打造出虚拟博物馆或虚拟演唱会，让粉丝以全新的方式体验熟悉的IP内容。

跨界合作带来长尾效应

跨界合作的真正价值，往往在合作完成之后才逐渐显现。IP通过与多个行业、领域结合，逐渐形成一种长尾效应，使其能够持续影响消费者的生活。

1.提升IP认知的广度

跨界合作帮助IP进入原本难以触达的领域。原本只在游戏圈流行的角色，通过餐饮、服饰等渠道进入了更多消费者的视野。这种认知的扩展，使IP吸引了更多潜在用户。

2.深化粉丝的情感联系

通过跨界合作，IP与粉丝的互动不再局限于屏幕上的内容，而是延伸到生活的每一个角落。当粉丝每天使用的物品上都有IP的身影时，这种频繁接触会加深粉丝的情感依赖。

3. 建立多维价值体系

跨界合作为IP创造了更多的商业价值和文化意义。一件与IP联名的服装，不仅是一个产品，也是IP的传播载体。而通过这样的合作，IP逐渐从单一的娱乐符号演变为一种生活方式的象征。

总体来说，IP的跨界合作是一种复杂的生态化运作方式，它要求IP能够跳脱原有的圈层，与更多行业建立深度联系。而每一次成功的合作背后，不仅是相关方商业利益的增加，更是文化影响力的不断增强。

3.5.5 时代的集体记忆

众所周知，文化的生命力，从来不是一场短跑，而是一场接力赛。在不断发展的过程中，真正成功的IP总能找到自己的纵深维度，既在时间的长河中沉淀经典，又在地理和文化边界上完成跨越。这种双重进化，不仅让IP超越了当下的流行，更让它成为一种跨代、跨文化的情感纽带。

时间积累与经典化进程

真正的经典IP，往往像一棵树，需要时间的浇灌才能枝繁叶茂。它扎根于某个时代，却不被时代束缚；它生长着，变化着，却从未失去最初的生命力。《超级马力欧兄弟》正是这样一个例子。从像素风的小水管工到如今3D冒险世界的领航者，它陪伴了几代玩家的成长，成为一种超越语言的游戏符号。

这样的经典化进程并非一帆风顺。为了减少时间对文化符号的侵蚀，《超级马力欧兄弟》不断在形式和内容上进行自我迭代。从家用游戏机到掌上设备，从简单的跳跃游戏到包含多重玩法的开放式冒险，《超级马力欧兄弟》始终走在技术与创意的最前沿。而更难得的是，这种变化并没有抹去它最初带给人们的单纯快乐。无论20世纪80年代的孩子，还是今天用平板电脑玩游戏的青少年，都会在这款游戏的世界中找到属于自己的情感连接。

这种横跨时代的吸引力，源于IP在时间中的持续叙述能力。每一代的玩家都能从中找到属于自己的共鸣，而当代际之间彼此分享这些体验时，IP也在无形中被赋予了历史的重量。经典化的真正意义在于：它不仅代表代际情感的延续，还成为让新旧世代进行对话的文化桥梁。

社会议题与全球化传播

如果说时间的沉淀让IP具有了纵向的深度，那么它在全球化背景下的传播则赋予了横向的广度。一个IP不只是扎根于本土的文化语境，还需要在不同的语言、习俗之间寻找共鸣点。能够成功跨越地理和文化边界的IP，才能真正成为全球的集体记忆。

事实上，有关这方面的例子不胜枚举。比如,《指环王》和《哈利·波特》，通过翻译和本地化改编走进了各国书店，成为跨文化交流的"超级符号"。

这样的传播不仅仅是内容的输出，也是意义的重塑。当IP从一个地方的符号，变成跨文化的"共同语言"时，它所承载的情感与价值也会不断延展。比如日本动画中的友情、热血与奋斗精神，在全球各地都有着相似的解读；美国好莱坞电影中的超级英雄，代表的责任与救赎，在不同文化中也能找到对应的情感寄托。这种共通性，正是文化现象能够超越国界的重要原因。

更进一步，当一个IP能够在全球范围内激发对社会议题的讨论时，它的文化意义就不再局限于娱乐。比如，超级英雄系列电影通过揭示复杂的人物内心和社会矛盾，触及多个核心议题。这些衍生的热门议题，让IP不再只是消费品，而是成为记录、理解一个时代，乃至展望未来的一面镜子。

从当代现象到集体记忆的跃迁

无论时间的沉淀还是文化的跨越，一个成功的IP最终都必须实现从当代现象到集体记忆的跃迁。它不仅要在某一代人中引发热潮，还要通过不断创新，让价值被后人铭记。更重要的是，这种价值不仅体现在它的娱乐性上，更体现在它所承载的文化意义中。

当一个IP能够在横向上触及更广泛的文化语境，同时在纵向上承载更多代际记忆时，它便成为真正的文化符号——不只属于一时一地，而是属于人类的共同记忆。

3.6 经典IP的复兴与传承

IP的成功并不仅仅取决于其诞生时的流行程度，更在于能否在长时间流转中不断焕发生机。经典IP的复兴与传承，是谷子经济中一项复杂而精细的工程，需要在保留原有粉丝情感记忆的基础上，融入时代的需求，通过经典产品的重塑、代际共鸣的构建及流行趋势的复盘等路径，让经典IP在时间的维度上拥有持久的活力。

3.6.1 经典产品的重塑与再造

经典IP复兴的第一步，往往是通过产品的重塑与再造来唤起粉丝对原作的记忆。这不仅仅是对旧产品的简单复制，更是对经典元素的现代化改造，以适应当前市场的消费需求。

复刻限量版的策略

复刻限量版是一种广泛应用于经典IP复兴的策略，其核心在于通过产品稀缺性和情感价值的双重结合，增强市场吸引力。经典IP往往积累了大批忠实粉丝，这些粉丝对原版产品充满怀念，同时愿意为限量版产品的独特价值买单。

复刻限量版在设计上保留原作的经典特征，同时对材质、工艺和功能进行升级。曾经的经典角色可能以塑料玩偶的形式出现，而在复刻中，使用高品质树脂材料和手工上色工艺重制，使得产品更加精致。这样不仅满足了粉丝的收藏需求，还提升了整个产品的市场竞争力。

现代工艺助力产品创新

除了外观上的改进，现代科技也为经典IP的复兴提供了更多可能性。在角色模型中加入动态元素、光效和声音特效，能够让产品更具互动性和沉浸感。此外，通过与VR或AR结合，粉丝可以通过设备进行虚拟角色的动态演绎，进一步增强了产品的吸引力。这种技术驱动的创新不仅丰富了IP的表达方式，还帮助其突破时代的限制。

新旧融合的情感再造

复刻产品的成功往往离不开对经典与创新的平衡。在重新设计经典角色时，可以将原作中的标志性服饰保留，同时为其添加现代化元素，如加入符合当代审美的时尚配色或材质。这样既不会破坏老粉丝的情感记忆，也能够吸引新一代消费者。这种"怀旧+创新"的设计思路，是经典IP复兴的重要方向。

3.6.2 代际共鸣的构建策略

IP 的长久生命力离不开代际共鸣的构建。经典 IP 要想在不同年龄段和时代背景下保持吸引力，需要能够同时满足老粉丝的情感诉求和新生代的文化需求。这种代际共鸣的构建，不仅是 IP 复兴的核心策略，也是其得以传承的关键。

保持老粉丝的情感依赖

经典 IP 的老粉丝是最为忠实的支持者，他们的情感依托于 IP 带来的青春记忆与文化认同。因此，在 IP 复兴的过程中，保留老粉丝的核心情感成为首要任务。通过对经典角色台词、服装设计、场景元素的重现，能够唤起老粉丝对 IP 的强烈共鸣。此外，通过组织线上线下的怀旧主题活动，例如，重现经典场景，能够进一步加深老粉丝的情感认同。

吸引新生代的加入

与老粉丝不同，新生代粉丝对于经典 IP 并没有直接的情感记忆，他们更多地受到当前流行文化的影响。为了吸引这一群体，IP 需要融入符合当代审美的内容。在复刻经典角色时，可以为其设计新造型，或加入更多符合当前潮流的时尚元素。同时，新生代粉丝对 IP 的兴趣也可能来自二次创作和互动体验，品牌可以通过鼓励粉丝的同人创作、开展更多参与式活动，加强新粉丝的代入感和参与感。

通过角色延续进行代际对话

经典 IP 的传承不仅限于对原有角色的复刻，还可以通过创作新角色或衍生角色来扩展其世界观。比如为经典角色赋予子女或学徒的身份,并以新角色为主线展开全新的故事,同时保持与经典角色的紧密联系。这样既能为新生代粉丝提供一个全新的切入点,也能通过经典角色的客串或情节穿插,让老粉丝感受到熟悉的情感延续。

3.6.3 时间周期内的流行趋势复盘

文化产业的发展往往呈现出周期性规律,在复兴经典IP时需要深刻理解这一规律,并通过精准选择时间点实现流行趋势的再现。对于经典IP而言,准确把握流行周期并适时推出复刻内容,是其重回市场的关键。

文化情绪与时代背景的契合

不同的时代背景对文化内容的需求各不相同。复兴经典IP需要分析当前社会的文化情绪和消费心理。在社会不确定性增加的时代,人们倾向于寻找能够提供情感慰藉的内容,这为怀旧IP的复兴提供了良好的市场基础。通过将经典角色与时代热点相结合,推出体现环保主题或多元化文化内涵的内容,可以进一步增强IP的影响力。

怀旧潮流的周期规律

研究显示,流行文化往往以20至30年的周期复兴,这一规律为经典IP的复刻提供了重要参考。品牌可以通过分析其受众的年龄分布,判断何时是主要消费群体的怀旧高峰期,并据此制订复兴计划。通过怀旧主题活动和推出产品,吸引原生粉丝回归,同时增加新粉丝的兴趣。

产品生命周期的优化管理

经典IP的复兴不仅是一个单次事件,更是一个持续的过程。通过对IP生命周期的科学管理,可以将复兴的热点转化为长期的市场竞争力。通过分阶段推出复刻产品，并结合多样化的宣传策略，可以在更长时间内保持IP的热度。同时，通过粉丝反馈不断调整产品和活动内容，能够在复兴过程中持续优化市场表现。

3.6.4　传承驱动的创新实践

IP的传承不仅仅是对过去辉煌的重现，更是一种面向未来的创新实践。经典IP需要在复兴的同时，通过技术、创意和商业模式的多维创新，确保其在新的市场环境中持续焕发活力。

分析数据，预测粉丝需求

大数据为品牌提供了更精准的粉丝洞察工具。通过分析社交媒体上的讨论、商品销售数据和粉丝行为模式，可以预测哪些角色或内容最受欢迎，从而在复刻产品或推出新内容时提高命中率。此外，通过实时数据监测市场反应，可以快速调整策略，确保IP复兴的每一步都与粉丝需求紧密结合。

团队合作与技术应用

跨界合作是复兴的重要方式之一。通过与时尚品牌、游戏公司、音乐团队合作，可以为经典角色增添全新的表现形式。同时，利用新兴技术（如人工智能、区块链）为IP赋能，可以为粉丝提供更加个性化和沉浸式的体验。

通过经典产品的重塑、代际共鸣的构建和流行趋势的精准把握，IP的复兴与传承不仅是对经典文化价值的再发现，也是谷子经济持续繁荣的推动力。在这一过程中，粉丝与品牌之间建立起坚固的情感纽带，同时为经典IP开辟出更加广阔的发展空间。

第四章 Chapter 4

消费与创作的双向奔赴

在现代文化消费中，消费者早已不再是被动的接收者，而是主动的参与者与创作者。谷子经济的独特之处在于，它不仅为消费者提供了丰富的产品选择，更搭建了一个让他们表达创意的平台。消费与创作之间的界限正在变得模糊，粉丝与作品之间的双向互动，推动了文化产业从单向输出走向共创共享的全新模式。

4.1 粉丝文化的形成与发展

粉丝文化的兴起，已不单单是对作品本身的热爱，而是人们表达自我身份与寻找群体归属的重要途径。从初期的单纯支持到如今深度参与再创作，粉丝文化已然成为现代文化生态中一股不可忽视的创造力量。它打破了单向消费的模式，转变为创意和互动的多元共生。在这一充满热情与创意的领域，粉丝不仅连接着作品与自我，更推动着文化边界的不断延展，让虚拟与现实之间的纽带愈发紧密。

4.1.1 从边缘兴趣圈层到自组织社群的历程

早期同好社群的雏形

粉丝文化的起点，往往可以追溯至某一特定领域的边缘群体。当年在动漫展、地下音乐现场或网络聊天室中，只是少数爱好者聚集一隅、以半地下状态分享对特定作品的理解与热爱。这类早期社群以交流资料、相互推荐等为主，圈子虽小却凝聚力强，形成独特的"内部语言"和价值共识。

这些同好社群为粉丝文化的未来发展奠定了精神基础：他们在缺乏主流认同的情况下，自发寻找并营造出一个精神家园。尽管此时粉丝文化还不具备庞大人数和丰富的配套产业，但核心的文化运作模式——共鸣、认同、创造与分享已悄然扎根。

媒介技术与流通渠道的拓宽

随着互联网的普及与社交平台的崛起，粉丝从局限于小圈子的束缚中解放出来。他们可以轻松地通过网络获取信息，与世界各地的同好沟通、交流心得。原本分散在各地的爱好者得以在虚拟空间聚合，构建出无视地理距离的二次元社群。

这种连接的强化使粉丝文化从静态的爱好变为动态的交流过程。二次创作、周边等在网络中高频流动，不同文化圈层与创作者的作品得以跨区传播。粉丝社群因此获得"再生能力"，不断吸纳新鲜血液和创意想法，催生多元圈子、亚文化圈层的诞生。

4.1.2 身份认同与情感共鸣的强化机理

群体归属与价值体系的确立

粉丝文化并不只是表面上的娱乐消费，更是强化个人身份认同与世界观构建的过程。在社群中，粉丝通过彼此认可作品的精神内涵、角色特质与故事价值，从而形成一套独特的价值体系。这种价值体系为成员提供归属感，满足他们在现实社会中难以获得的情感诉求与精神寄托。

粉丝对作品的理解与诠释不受官方设定限制，他们可以在社群内讨论角色动机、故事隐喻，甚至由此衍生各自的解读版本。这种多元视角让粉丝文化显得充满生机，令成员在参与其中时精神愉悦并增强存在感。

情感投资与身份认证仪式

在粉丝文化的语境中，成员通过情感投资以获得身份认证。购买周边商品、参加线下活动、追更相关作品，都被视为体现忠诚度与参与度的象征性行为。

这些行动构成了一种仪式化的互动方式：当某位粉丝炫耀自己收集的限定款、贴出自己绘制的二创同人图、分享对角色的独到见解时，他便在社群中获得更多的认可。情感与行动的双重投入，使粉丝的社群归属感更强，为粉丝文化的不断发展提供源源不绝的情感源泉。

4.1.3 亚文化圈层与主流审美的动态平衡

粉丝文化与社会话语的对话

随着二次元内容走向全球，粉丝文化不再局限于特定国家或地区的边缘空间，它与主流社会话语日益发生碰撞与对话。从最初的被误解、被低估，到之后逐渐被主流媒体所关注，粉丝文化经历了从边缘亚文化到被主流承认、吸纳、模仿的转变过程。

这种转变并非一蹴而就，而是在不断商讨、调和中形成的动态平衡。当粉丝社群不再畏惧展示自身喜好，而能自信地参与公共讨论，他们的价值观、审美倾向与创意产出也得以影响更广阔的社会空间。

同质与差异的张力

在扩张与融合的过程中，粉丝文化内部也并非铁板一块。在同一 IP 圈子内，可能出现分歧派系、不同喜好与对立观点。这些差异往往促使社群更加多元与复杂。通过内部讨论、包容与竞争，粉丝文化始终保持创新活力与思维弹性。

亚文化圈层若想持续繁荣，就需要在相对稳定与活泼流动之间寻找平衡点。既要维持核心精神内核的连贯性，也要对外部新思潮和新创意保持开放。粉丝文化的形成与发展，在很大程度上便是不断寻找这种平衡的过程。

4.2 火热消费背后的情感价值

消费行为常被视为物质交换的过程,但在粉丝文化的世界里,这一行为承载着更深层的意义。从商品设计到购买决策,每一个环节都融入了粉丝对角色和故事的热爱,成为个人情感的延伸与表达。无论触动心弦的记忆,还是在孤独时带来的陪伴,周边超越了物件的属性,化身为情感的桥梁,让虚拟与现实在细腻的情感流动中交汇。

4.2.1 超越物质属性的情感寄托

消费者通过消费获得情感能量

对于许多粉丝而言,购买谷子已不局限于单纯的物质获取,而更像一种精神营养的摄入。当他们在学习、工作、生活中感到疲倦时,二次元周边就如同一剂良药,能在视觉与感官层面带来短暂而温暖的慰藉。

购入一个象征喜爱的角色或世界观的文创物品,可以成为粉丝在现实中短暂喘息的理由。他们从商品中汲取的不仅是愉悦,还有某种精神能量——角色的正直与勇气、故事的温柔与梦想,都在潜移默化中抚慰内心。

以情感记忆为轴心的消费行为

二次元内容常能引发独特的情感记忆联想。如果角色、情节或场景曾经触动过粉丝的内心,粉丝在日后的消费决策中往往基于这种曾经的感动而倾向于购买对应周边。

这种记忆带来的情感价值使得商品成为触发美好回忆的媒介：手办、画册或特典卡片不仅是艺术品或收藏品，更是留存在心中的难忘片段的载体。通过消费，粉丝将内心的故事延展到现实中，让被时光模糊的感动再度鲜活。

4.2.2 情感需求与填补心理空白

世界观认同与身份关照

粉丝生活在现实社会中可能面临各种不确定性与压力，而二次元作品构筑的世界观相对稳定、纯粹、美好。购物行为在此扮演着重要的心理补偿角色：当现实不尽如人意时，购买让自己产生共鸣的谷子便可作为一种小小的替代疗法，通过拥有特定物品，让内心获得肯定和鼓舞。

其实，这种内在认同不必明确转化为外在身份标签，在此阶段，它更像一种私密的心理抚慰。谷子的出现，让粉丝意识到自己的审美选择是可贵的，不管外界如何变幻，他们在这个幻想与现实交织的自我小天地中得以重整心态。

个体审美与创造性参与

在二次元文化的世界中，粉丝时常被鼓励发挥想象力和创意。通过购买带有丰富视觉元素和精巧工艺的商品，粉丝在审美体验上获得满足。商品的细节与设计巧思不仅让粉丝愉悦，更可能激发他们的艺术灵感，而参与上色、组装等，是一种特殊的创造性体验。

这种创造性与审美的满足感是情感价值的一种体现。粉丝在消费中激活自身的审美神经，仿佛与创作者进行一次关于美学的对话。尽管此刻的关注点仍以情感愉悦与美感享受为主，但这为粉丝与品牌、作品之间的更深层关系提供了可能性。

4.2.3 营造孤独时代的陪伴感

物件化的精神伴侣

现代社会，生活节奏较快，人与人之间的真实交流被网络碎片化沟通所取代。在这种背景下，二次元周边从某种程度上填补了人与真实世界互动中的缺口——尽管它们不具备生命，却能通过角色形象、色彩符号、故事记忆给人以陪伴的错觉。

当我们独处时，一款熟悉角色的桌面人偶、饰物或画册会变成倾听的对象。虽然它不会回应，但我们能在沉默中对物件倾注情感，在脑海中与角色进行安静的对话，从而减少心理上的孤独感。这类情感寄托不以身份宣示或社群互动为目标，而更具内在化的心理满足属性。

定期迭代的期待与憧憬

随着周边定期更新及新角色、新系列的推出，粉丝在消费之前，还会形成一种周期性的期待。他们可能计划下个月或下个季度购入某款新品，在新品面世前想象其细节与品质，这种等待的过程会带来持续的身心愉悦。

这种期待能在日常生活中带来一缕光亮。粉丝在工作或学业的间隙，回想起即将推出的新周边，心情便得到调剂。情感价值在这一刻不仅来自已有物品带来的愉悦，也来自对未来获得更多美好事物的憧憬。

4.2.4 悄然建立的情感共识与话语体系

基于消费的情感密码

当粉丝与周边建立起特有的情感关系时，就会自发生成微妙的情感密码。比如，某款限定周边的购买经历可能包含个人奋斗故事、筹措资金的艰辛，或与朋友一同排队的有趣回忆。消费行为不仅使感动再现，也沉淀为可供个人回味的情境化记忆。

这类情感密码并不需要向他人展示，其价值更多在个人内心发酵。但正是这些微小而私密的体验，使得消费转化为生命历程中珍贵的素材，将粉丝与作品的关系升级为更深层的精神连接。

与幻想世界的持续对话

无论消费何种品类，粉丝都在通过这些商品与幻想世界保持对话。当他们为了特定角色购入周边时，就是在无形中向该角色的品质与精神内核致意。

这种致意是双向的：粉丝借由消费表达认可、感激、欣赏与情感依赖，而角色形象与故事价值则在粉丝心中不断生根发芽，反哺其现实生活的态度与判断标准。通过物品获取的情感价值不仅当下生效，也可能在未来的人生时刻继续为粉丝提供内在力量。

4.2.5 情感价值的隐性影响与展望

从情感输出到内化升华

虽然本节不深入探讨粉丝经济的推动力与身份象征的意义，但情感价值的累积已为这些议题埋下伏笔。此时的消费不仅是单向地用金钱交换商品，也在于粉丝内心持续积攒情感资产。这些资产在日后有机会转化为更深层次的参与、对品牌与作品忠诚度的提升，甚至成为一种身份的表达。

情感价值的存在让消费变得灵活而隐秘：粉丝或许难以一言道出自己为何购买如此多的周边，但在潜意识中，这种行为满足了深层的心灵需求和精神诉求。

不断调适的心灵驿站

随着粉丝的年龄增长、审美变迁和人生经历累积，其对周边的情感投射也在不断变化。一款曾经带来慰藉的周边，或许在日后会具有全新意义；一度追求的限定品，或许在数年后仍能唤起怀旧与感怀。

情感价值并非静态，而是在时间长河中流动，为粉丝提供持续调适心境的渠道。无论人生处于何种境遇，粉丝都能在与二次元商品的情感连接中找到平衡与归宿。

4.3 购买力与忠诚度推动的粉丝经济

粉丝经济的力量不仅在于消费者对 IP 的情感投入，更体现在购买行为背后的持续性与影响力。从最初的尝鲜消费到后续的稳定复购，粉丝通过实际行动为品牌注入源源不断的动力。而这种动力，不仅支撑着品牌的持续创新，还通过忠诚度的深化扩展了产业边界，带动了口碑传播与合作生态的不断演进。在消费与情感交织的互动中，粉丝成为品牌价值的强大支柱，也推动着整个文化经济的繁荣发展。

4.3.1 粉丝购买意愿的形成与增强

由尝鲜消费到稳定复购的路径

最初，许多粉丝对某 IP 的消费表现为偶然性尝试，比如先购买一两件基础周边、平价挂件或几张纪念卡片。这类轻量级投入的成功体验，为后续的复购埋下伏笔。当粉丝在初次消费中感到满意时，无论对产品质量的认可，还是对品牌服务的肯定，他们在未来更容易扩大购买范围与增加购买频率。

这种由尝鲜向复购的转化是粉丝经济的基本面：一旦粉丝对品牌及 IP 产生持续信任，他们便乐于重复购买新款周边、升级收藏品档次，乃至参与预售、众筹，以抢占更独特或限量的产品。正是这条从轻量尝试到深度投入的成长路径，使粉丝经济拥有坚实根基。

价值认知与价格敏感度的动态平衡

在粉丝经济中，购买行为往往并非单纯以价格为导向，而更注重价值认知。粉丝愿意为一个角色模型或限定画册支付更高的费用，原因不在于价格本身，而在于他们确信物超所值。

在这一过程中，粉丝的价格敏感度因忠诚度的提升而逐渐降低。当品牌通过提升产品品质、提供独特设计、强化 IP 故事性，令粉丝感到获得的情感支持与审美收获远超金钱付出时，他们便会接受较高定价，并且减少价格波动对购买决策的影响。这种价格敏感度的弱化，赋予品牌在定价策略上更大的灵活性。

4.3.2 忠诚度推动收益稳定与产业链升级

高忠诚度群体的长期贡献

相较于普通消费者，粉丝经济中高忠诚度群体所贡献的消费额更为可观。这类核心粉丝不仅在新品发布的第一时间抢购，还会主动搜索绝版周边、参加限量预售，并不吝于为特殊定制或联名产品支付较高费用。

在产业层面，这意味着企业可以更准确地预测销量与需求，减少产能浪费与库存风险。因为忠诚粉丝的持续支持，品牌在战略规划中可放眼长远，不必急功近利地追逐短期爆款。换言之，粉丝忠诚度越高，品牌对市场波动的承受力也越强，从而为产业链各环节的优化升级提供稳固基础。

粉丝溢价与产品线延伸

当粉丝忠诚度稳定在较高水平时，品牌就会有更多的动力进行产品线延伸，推出更精细分工、更高规格的周边，乃至探索新媒体、新技术的创意融合。这类拓展不仅满足核心粉丝多元化的需求，也能吸引潜在消费者逐步加入。

高忠诚度粉丝往往对新产品类型充满期待，只要品牌策略得当，他们乐于为先行体验买单。因为有了核心消费群的坚实后盾，品牌在产品研发、跨界联动、国际化推广时少了后顾之忧，更容易尝试新兴概念，积累品牌创新力。

4.3.3 圈层口碑传递与"自传播"效应

粉丝社区的示范与放大作用

粉丝经济不仅依赖个人购买行为，更需要口碑在圈层内不断放大。当核心粉丝对某款周边的细节质量、故事创意大加赞赏时，他们的评价将在社区中引发关注与讨论。中立、观望的潜在买家在看到资深粉丝的推荐后，倾向于相信产品值得购买，从而进一步增加周边的销量。

这种"自传播"效应源于粉丝对品牌的忠诚与情感共鸣。粉丝在推广产品时并非受商业驱使，而是出于对IP的认同与自豪感。一旦圈内口碑建立，品牌不需要付出过多营销成本便能在用户间形成很强的影响力，达成隐性的行销联动。

数据反馈与用户运营的良性循环

当粉丝以高忠诚度和重复购买力构建起稳定市场时，品牌可从中收集多维数据：热销品类、用户偏好、价格敏感点、热门主题等。这些数据反过来帮助品牌精准确定下批次产品的研发预算与营销资源。

有了稳定的粉丝基础，品牌的运营策略更加灵活：举办限时抢购活动、主题展览，设立线下体验馆或会员积分体系，都能得到忠诚粉丝的积极响应。用户数据、购买力与忠诚度之间形成良性循环，使粉丝经济的运转更加高效、有序。

4.3.4　粉丝经济对品牌议价权与产业生态带来哪些影响

品牌议价能力提升

由于粉丝往往对品质、设计、IP背景附加值更加看重，并非一味追求低价，因此品牌在面对上游供应链或营销渠道时有更多议价空间。品牌可要求更优质的材料、更严谨的品质监控，以满足粉丝的高标准需求。

这意味着品牌能在产业链中占据更主动地位，以高忠诚度粉丝的购买力为后盾，与上下游协同，提升产品质量与服务水准。在长期合作关系中，品牌的声音更具分量，从而强化自身在产业格局中的地位。

生态多元化与合作共赢

稳定而强大的粉丝购买力为跨界合作与产业多元化提供良好土壤。凭借忠实粉丝的支撑，品牌可与艺术家、设计师、独立工作室乃至其他知名IP联手推出联名系列，为粉丝经济注入创意与活力。

这些合作不仅满足粉丝对多样化体验的诉求，也能带动相关产业增长。餐饮、旅游、文博、时尚等不同行业若与热门IP联手，可从粉丝经济中汲取活水，实现跨领域共赢。粉丝经济的影响因此辐射更广的社会与经济范畴。

4.3.5 行为经济学视角下的粉丝经济

消费者行为与购买决策

在谷子经济中,粉丝的购买决策并不完全是理性决策,而是深受多重心理因素的影响。消费者选择理论认为,消费者在做出购买决策时,会依据自身的偏好、预算和产品特性来选择效用最大化的商品。然而,现实中的粉丝购买行为往往超越了这一理论的预设,涉及复杂的情感驱动和认知偏差。

例如,粉丝在购买手办时,理性上可能知道该商品的价格远高于其实际使用价值,甚至可能存在过高的溢价。但他们依然选择购买,这种行为往往是非理性的,体现了行为经济学中的认知偏差,如情感决策与冲动购买。

粉丝的购买行为受到情感偏好驱动,即他们的购买决策更多依赖对IP的喜爱、对角色的认同,以及对剧情的情感连接,而不仅仅是依赖商品的实际功能。这种情感偏好会使粉丝在面临高价格时仍然决定购买,因为他们认为拥有这件商品会带来情感上的满足和身份上的认同。

情感偏好与价值认同

情感经济学强调,在消费行为中,情感偏好与价值认同占据了重要位置。在谷子经济中,粉丝的消费往往超越了物质层面的需求,转向了更深层的情感需求。粉丝购买限定版商品时,不仅是对角色形象的认可,更是对整个故事世界观的认同和归属感的表达。

比如,《Re:从零开始的异世界生活》中的角色雷姆因其活泼的性格和动人的故事情节,深受粉丝喜爱。当雷姆的限定手办或抱枕上市时,粉丝的购买决策并非出于理性,而是出于对角色的情感依赖。购买这些商品不仅仅是为了拥有物品,更是为了感受与角色之间的情感连接，保持与故事世界的联系。

在这种情境下，粉丝为商品支付溢价，实际上是在为情感价值支付溢价，而这种情感价值往往超越了商品的物质价值，反映了粉丝对情感认同和归属感的需求。

稀缺性效应与定价策略

稀缺性效应是指当某种商品因其稀缺性而变得难以获得时，消费者会对其产生更高的主观价值，从而激发购买欲望。这一心理机制在谷子经济中被广泛应用，尤其是在限量版商品的发售上。

限量版手办、独家签名版商品等，都是利用稀缺性效应来推动消费者进行购买。通过宣布"限量生产"，制造商成功地将商品转化为稀缺资源，这不仅增强了商品的吸引力，也增加了其溢价能力。消费者在面对限量商品时，往往会因为对"错失机会"的恐惧，做出快速且非理性的决策。许多消费者表示，他们的决定并非仅基于商品本身的价值，而是源于对这种"错失机会"的心理恐惧。

"错过即损失"的心理机制驱使消费者急于购买，在这一过程中，稀缺性营销和心理定价策略相辅相成，促使商品在短时间内销售一空，并在第三方市场上产生溢价交易，进一步验证了稀缺性效应对粉丝经济的推动作用。

沉没成本与消费惯性

沉没成本是行为经济学中的一个经典理论，指的是当消费者在某项决策中已经投入了大量的时间、金钱或精力时，他们会倾向于继续投入，即使这种行为并不理性。在谷子经济中，粉丝的持续消费行为正是由沉没成本驱动的。

例如，粉丝如果已经在某一IP上投入了大量的时间和金钱，例如，购买了该IP的多款手办、参与了线下活动、观看了所有相关的动漫或电影，他们往往会因"投入已成"的心理，而继续购买该IP的新周边，哪怕价格较高，哪怕产品本身并不具备实际使用价值。

以Fate/Stay Night为例，很多粉丝已经购买了该系列中多个角色的手办，如阿尔托莉雅、远坂凛等，随着系列的扩展，更多角色的手办也被推出。对于已经投入的粉丝来说，即使某款新手办的价格较高，他们依然会继续购买，因为他们已经在这些角色和故事中投入了大量的时间、情感和金钱。通过购买新产品，粉丝不仅仅是在继续其收藏行为，还是在抵消先前投入的沉没成本。

这种行为并不符合理性经济学中的最优选择原则，却是沉没成本的典型表现。粉丝对先前投入的情感和金钱有了心理上的归属感，因此他们往往难以做出停止消费的决策，形成了消费惯性。

4.4 粉丝主导的经济业态：众筹与共创

谷子经济的发展离不开粉丝的深度参与，而众筹与共创正是粉丝文化中最具代表性的两种形式。这些模式不仅让粉丝从单纯的消费者变成内容的支持者和创造者，也进一步推动了谷子经济的多元化发展。通过众筹平台，粉丝为自己喜爱的项目提供资金支持，帮助其实现从构想到落地的转变；共创文化，则让粉丝直接参与内容创作的过程中，使IP的发展更具灵活性与互动性。这些模式在重塑谷子经济的同时，也带来了机遇与挑战。

4.4.1 众筹平台的作用

众筹平台是粉丝主导谷子经济的重要工具之一。通过众筹，创作者能够将项目初期的资金压力转化为粉丝的集体支持，同时也能通过早期支持者的反馈对市场需求进行验证。

资金支持与市场验证

众筹模式的一个核心优势在于能够为创作者提供初始资金支持。许多IP或文化项目在初期面临的最大挑战是资金匮乏，而众筹通过直接面向粉丝募集资金，帮助这些项目在没有商业资本支持的情况下实现启动。

比如，动画《大理寺日志》在项目初期通过众筹平台募集资金，得到了大量粉丝的支持。众筹的成功不仅为项目提供了生产成本，还为后续的商业合作提供了可能性。在众筹过程中，粉丝通过支持金额获得角色周边、动画设定集等回馈，同时也成为项目发展的见证者。

市场验证是众筹的另一个重要功能。在传统模式中，IP的市场潜力通常需要通过复杂调研与高额投入进行试探。而众筹的直接性让创作者能够快速验证项目的市场需求。比如，一些手办制作团队通过众筹模式确认某一角色的市场热度，如果众筹达标，则证明产品具有生产价值；如果未达标，也避免了大规模生产带来的损失。

粉丝驱动的传播效应

众筹平台为谷子经济带来了巨大的传播效应。在众筹过程中，粉丝成为项目的第一批传播者，他们通过社交媒体分享项目进展，形成了自发的传播网络。例如，《伍六七》的衍生手办项目，在众筹期间，粉丝通过社交平台扩散信息，使得原本目标资金为50万元的项目最终筹集金额超过150万元。这种"粉丝即宣传"的模式，让众筹成为项目推广的重要手段。

众筹模式的局限性

尽管众筹具有很强的资金支持与市场验证功能，但其也存在一定局限性。首先，众筹项目的成功往往依赖粉丝的规模与热情。如果项目本身的受众较少或粉丝基础不够稳固，众筹可能难以达到预期目标。其次，众筹的成功并不等于产品的市场成功。许多众筹项目虽然在初期获得了资金支持，但在产品落地后因质量问题或管理不善导致粉丝失望，最终对IP造成负面影响。

4.4.2 共创文化与粉丝自治

共创文化是谷子经济的一大特色，指的是粉丝通过创作直接参与IP的发展过程，甚至对IP的内容方向产生影响。相比于众筹，共创更加强调参与性和创造性，能够让粉丝从旁观者变为合作者。

同人创作

同人创作是共创文化的重要体现。在谷子经济中，粉丝基于现有IP进行二次创作已经成为一种普遍现象。无论同人插画、小说，还是Cosplay作品，这些粉丝创作不仅丰富了IP的内容生态，也为其传播带来了新的可能性。

例如，《魔道祖师》的同人作品数量庞大，从漫画到短视频，粉丝的创作热情使得这一IP在核心粉丝之外获得了更广泛的关注。与此同时，官方也通过开放授权的形式，与粉丝创作形成良性互动，比如举办同人作品大赛，筛选优秀创作作品进行官方出版。这种模式既保护了粉丝创作的权益，也让IP得到了进一步延展。

共创平台悄然兴起

随着粉丝共创的热度提升，一些专门服务于粉丝与创作者的共创平台应运而生。Pixiv和爱发电这类平台，不仅为粉丝提供了创作展示的空间，还通过打赏、订阅等机制实现了创作者与粉丝之间的直接互动。这种平台化的共创模式，降低了粉丝参与创作的门槛，同时也为创作者提供了更多的创作动力。

共创文化的商业化困境

虽然共创文化丰富了谷子经济的内容生态，但也面临一些商业化难题。在同人作品的商业化过程中，粉丝创作与IP版权方的权益划分是一个长期存在的问题。一些IP方通过限定粉丝创作的使用范围（如"非商用许可"）来保护自己的商业利益，但过于严格的规定可能抑制粉丝的创作热情。找到粉丝共创与IP商业化之间的平衡点，是谷子经济需要解决的核心问题之一。

通过众筹与共创，粉丝从被动的内容接受者转变为谷子经济的推动者。这些模式不仅增强了粉丝与IP的情感连接，也为IP的发展注入了更多活力。然而，在推动众筹与共创的同时，谷子经济的参与者需要更加重视项目的执行与管理，确保每一次互动都能带来积极的成果，从而实现真正的共赢。

4.5 同人作品的商业化实践

同人创作是谷子经济的重要组成部分，也是连接草根创作者与主流经济的桥梁。在二次元文化生态中，同人创作者通过对经典IP的二次创作，展现了无限的创意和生产力。随着平台化工具的普及、粉丝社群的壮大及商业模式的日益成熟，同人创作者逐渐从单纯的兴趣表达转向半职业化甚至职业化，探索出了多样化的收入增长路径。在这一过程中，创作者不仅获得了经济收益，也推动了整个谷子经济的多元化发展，见图4-5-1。

图4-5-1　同人创作者工作室

4.5.1　从兴趣到商品

同人创作的初衷大多源于创作者对IP的热爱，随着创作质量的提升和粉丝群体的扩大，同人作品逐渐展现出强大的市场潜力。这些作品不仅是粉丝文化的重要载体，也为创作者带来了稳定的收入来源。

同人画册：文化与艺术的结合

同人画册是同人创作者商业化的重要形式之一。这些画册通常基于热门角色或IP创作，既包含精美的插画，也可能加入短篇故事、角色解读等内容，使其具备收藏价值。

在每年的Comiket（日本同人志展会）上，同人画册的销售往往占据主导地位，见图4-5-2。一些知名创作者的画册在开售当天即被抢购一空。除了线下展会，许多创作者还通过数字平台销售电子版画册，降低了印刷成本并扩大了受众范围。

图4-5-2 同人画册

原创周边：低成本、高收益的商品化探索

基于同人作品的原创周边，如钥匙扣、贴纸、明信片等，是创作者将艺术转化为商品的最直接途径。这类商品生产成本低、设计灵活，且

适合在漫展等场景中快速销售，见图4-5-3。

图4-5-3　二次元主题钥匙扣

数字作品：全球化传播与收益的结合

随着数字平台的普及，数字作品成为同人创作者收入增长的重要来源。通过将插画、壁纸、主题包等作品以付费下载或订阅形式发布，作品能够快速实现全球化传播。

4.5.2　打破传统束缚的工具

数字技术和平台化工具的普及，为同人创作者提供了更多实现收入增长的可能性。借助线上平台，创作者能够直接触达粉丝，构建个人品牌，并将创作力转化为经济价值。

打赏：直接支持创作者的经济纽带

打赏是粉丝对创作者直接支持的一种方式，已经成为同人创作者收入的重要来源。通过平台，如B站、爱发电、Pixiv、Fanbox，粉丝能够为他们喜爱的创作者提供经济支持，金额从几元到几百元不等，体现了粉丝与创作者之间的情感连接。

例如，一位专注于绘制二次元插画的创作者通过B站直播作画过程，在直播过程中累计获得了超过2000元的打赏。这种模式不仅分担了创作者的创作成本，也增强了创作者与粉丝之间的互动。

定制化：高端创作的商业化实践

私人定制服务是同人创作者迈向职业化的重要途径之一。一些高人气创作者接受粉丝的私人委托，根据需求绘制独一无二的作品。这些作品价格通常根据设计复杂度、完成时间等因素而定，单笔交易金额从数百元到上万元不等。

例如，一位同人画师以其精美的角色插画闻名，在社交平台上公开接受定制服务。他曾受邀为一位粉丝绘制了一幅全彩角色插画，最终以8000元成交。这种一对一的服务不仅带来了丰厚的收入，还提升了创作者在圈内的声誉。

限量贩售：制造稀缺性的营销策略

限量贩售是一种通过控制产品数量来提升作品价值的方式，广泛应用于同人手办、画册等商品的销售中。例如，某创作者在漫展上推出了一款基于热门IP的限量手办，仅制作了100件。这些手办定价为300元，开售后不到2小时便被抢购一空，为创作者带来了3万元的收入。这种限量策略不仅提高了商品的溢价能力，也让粉丝拥有更强的参与感。

线上商城与订阅模式的结合

线上商城为同人创作者提供了更广阔的销售渠道。通过平台，如淘宝、小红书、Etsy等，创作者可以直接面向全球粉丝销售作品。例如，一位创作者通过Etsy销售其设计的二次元角色主题明信片，短短一个月内销售了300多套，每套售价15美元，为其带来了可观的收入。与此同时，订阅模式也逐渐成为同人创作者稳定的收入来源。

4.5.3 创作者品牌化与多元化发展

随着同人创作的商业化进程加速，许多创作者逐渐意识到品牌化运营的重要性。他们通过社交媒体运营、内容风格塑造及跨界合作，提升了个人品牌的知名度和市场竞争力。

社交媒体的品牌塑造

社交媒体为同人创作者提供了展示作品和与粉丝互动的舞台。一些创作者通过定期发布高质量的创作内容、分享创作心得，逐渐积累了大量粉丝，形成了独特的品牌效应。例如，一位擅长角色设计的创作者通过微博积累了超过10万名粉丝，其每发布一个新作品，都会引发广泛传播。这种品牌效应为创作者带来了更多商业合作的机会。

跨界合作与IP授权的探索

随着品牌影响力的提升，一些同人创作者开始与官方IP方或商业品牌进行合作。比如，某插画师因其设计风格与某知名动漫IP契合，被邀请为该IP设计限量版商品。这种官方授权的合作，不仅提升了创作者的收入，也让其进入了更广阔的商业领域。

通过多样化的收入模式，同人创作者在谷子经济中扮演的角色日益重要。从兴趣到职业化，他们通过不断探索新模式，将创意转化为经济价值，并推动了二次元文化的繁荣。

4.6 消费者与创作者的共生生态

粉丝从简单的购买者转变为创作者，这不仅是文化表达的延续，更是产业活力的释放。每一次作品改编、角色演绎、风格再造，都在拓展 IP 的生命力和叙事边界。创作者在融入情感和创意的同时，也为文化提供了全新的诠释维度。与此同时，消费者通过参与创作，将自身价值与作品世界深度融合，逐渐形成一种跨越传统角色定义的协作机制。这种生态以创意为纽带，使得文化空间愈发多样化和动态化，为谷子经济带来持久生命力。

4.6.1 从被动消费到主动创造的转身

一直以来，粉丝往往被视为产业链末端的被动接受者：他们购买官方产品，观看官方内容，为既有 IP 的成长提供经济支持。不过，随着数字时代的信息互通与工具普及，这种线性的消费关系正在被打破。粉丝不满足于仅仅扮演消费者的角色，更期望在文化生产中留下自己的印记。他们投入的不再限于金钱，还有时间、创意与热情。

这样的角色转变意味着，谷子经济不再是单向度的价值传递（从内容方到受众），而是多维交织的互动生态。每个粉丝都有机会以创造者的身份，为已有内容增添色彩。这种再定义的消费循环，不仅增强了粉丝的参与感与存在感，也为产业生态带来更深层次的活力与弹性。

过去，缺乏专业技能与资源的粉丝往往难以进入内容创作领域。但在当下的技术环境与社交平台上，粉丝创作的门槛大幅降低。绘画软件、轻量化视频编辑程序、音频混编工具的普及，让原本的旁观者迅速成长为实践者。无论角色同人插画、剧情再创编剧本、短篇配音故事还是主题曲二次演绎，都能在网络平台找到展示的空间。

门槛的降低，使得二次创作成为粉丝文化的新日常，不再是小众"大神"的专利。人人皆有机会以作品表达对IP的理解，也因此塑造出更多元且充满惊喜的新文化形态。

创作者的灵感往往始于对官方作品的迷恋。他们通过作品改编、风格再现、角色重塑，将二次元形象加工成个性化作品，IP原有的价值被二次解读与放大。这种创造力反过来影响其他粉丝与创作者，为他们提供新思路，从而在群体中引发灵感接力。

以此为基点，创作者不再是单纯的受众，而是价值循环的节点。他们为IP生态贡献的创意，能够在社群内反复传播，最终为IP持续带来生机。创意不断迸发，创作者与IP、受众与市场之间的联系愈加紧密，形成正向循环的共生生态。

4.6.2　从官方正统到多元视角

官方内容有其既定的剧情走向与角色设定，而粉丝创作者经由二次创作，为这些既定内容带来新思路。角色或许会在同人故事中拥有截然不同的关系，不为官方提及的边缘人物可能在同人设定中获得主角地位，情节走向也可能延伸到官方故事未曾触及的维度。

这种同人解读不仅丰富了原有IP的世界观，还能让粉丝在彼此的二次创作中发现更多可能性。当一个虚拟角色在数百份同人作品中呈现出数百种个性时，这个角色的形象就不再是单一的，而是成为可供无数创造者与消费者反复雕琢的文化素材。

粉丝创作者并不局限于扩充原本叙事框架，还会在艺术风格、审美倾向与媒介形式上进行创新。比如将偏科幻风的IP角色置于田园诗意的水彩画中，或将魔幻题材世界的设定融入现代都市生活，通过情境嫁接与风格混搭，让受众在熟悉的基础上体验到别样的新鲜感。

这类混搭创造出一种有机增长的文化生态。粉丝不仅消费官方叙事的"原味"，也在自发添加香料，呈上兼容众多风格的"创意盛宴"。二次创作浪潮下的谷子经济因此不只是延续现有价值，更是不断发酵、分化与重组，从而孕育出新的文化空间。

4.6.3 创作者与品牌间的潜在信任与合作空间

产出与反馈的双向路径

在传统模式中，品牌方（或版权方）为IP赋能，用户纯消费，双方接触仅限于购买行为。而在共生生态中，创作者的二次产出不仅是自娱自乐，也能成为品牌的参考。创意作品的点击量、转发数、点赞与评论，是品牌观察粉丝偏好、捕捉市场动向的宝贵信息。

这种创作者对IP形象的再构造，有助于品牌了解粉丝对角色、剧情、造型、情感内涵的偏好。品牌可以在此基础上进行产品迭代或营销调整。官方不需要特意收集这些信息，创作者行为会天然形成用户洞察路径，为品牌战略决策提供依据。

潜在激励机制与共同成长

当品牌意识到创作者对于IP繁荣的重要性时，其可尝试为这些创意人才制定激励机制。并非单纯以金钱回报为主，而是通过特殊授权、展示平台、官方互动、定期评选等方式，给予创作者肯定与资源支持。

这种柔性合作不必是一锤定音的商业合同，而可以是一种共识式交流：创作者从品牌支持中获得曝光与认可，并以更高质量的作品回馈品牌，使 IP 价值稳步提升。在这种长线互动中，双方在各自角色定位上保持独立，却又因为共同目标（让 IP 更有生命力与吸引力）而互惠共赢。

4.6.4 同人创作版权与授权的多重博弈

法律边界的模糊与避让

从法律角度看，IP 创作若未经授权，大多处在灰色地带。创作者改编、使用或重构官方元素的行为严格来说或有侵权风险。然而，官方若对这类创作高强度打压，既会消耗资源，又会引发粉丝反感，损害品牌形象与降低粉丝忠诚度。在现实运营中，版权方对同人社区往往采取宽容的态度，这为同人文化提供了生存空间，同时也为版权方在必要时进行干预保留了余地。

官方策略：从打压到引导

随着同人文化影响力的增强，部分版权方尝试从一味防范转向柔性引导。版权方可能设定同人创作规范，允许同人作品非商业流通，甚至以"官方同人大赛"等形式为粉丝创作搭建平台。这种策略既可避免与粉丝对立，又有机会将优秀的同人创意吸纳为官方内容的一部分。

透过引导策略，官方努力将同人文化转化为增值手段。商业层面或仍有顾虑，但在长远考虑下，版权方与同人文化的互动更像"规则制定者与创意贡献者"之间的合作尝试。

4.6.5 创作群体内部的协同与分工

跨领域合作与专业化趋势

随着创作者群体规模扩大，单打独斗的模式已无法满足多元化需求。越来越多的创作者选择协同作战：插画师、写手、视频后期制作者、配音爱好者、音乐编曲者自发组成小团队，联合产出更为精良的多媒体作品。

这种内部分工与协同让创作者的技能与优势互补，从而产出近似专业制作水准的同人作品。尽管这些团队往往并非正式商业公司，却以准生产链的形式运作，让创作生态呈现出小型工作室般的社会分工。这为未来更成熟的创意生产模式铺路，使创作者群体能承接更复杂的创意任务。

社群规范与口碑体系的塑造

在规模不断扩大的创作者社群里，口碑与名气形成非正式的信誉体系：高质量作品、稳定更新频率、良好交流态度的创作者更受推崇，他们成为社群的意见领袖。一些社群内建立的非官方公约或创作守则，约束了过度抄袭、抹黑攻击等不良行为，使环境更为良性和有序。

这种自我治理增强了整个创作生态的可信度与安全感。创作者群体在内部协调中实现价值导向统一，让创作者受到鼓励，让不良行为难以立足，最终提升整个生态的持续生产力。

4.6.6 创作者与粉丝角色的多重叠加

创作者即粉丝

创作者首先是粉丝，这一身份叠加形成独特的动力机制。他们的创作动机往往来自对角色和世界观的真挚喜爱。他们的作品既是对原作的致敬，也是对自我的表达。这种粉丝心态确保创作输出不流于应付，而是在深层认同基础上进行艺术尝试。

身份交叠的结果是作品情感饱满、氛围友好，易于引起其他粉丝的共鸣。这也有助于创作者在与粉丝的互动中获得正向反馈，增强创作意愿。在这片共生生态中，创作者和粉丝是水乳交融的共同体，互相支撑与成就。

共生生态下的价值共创

事实上，创作者与粉丝并非两个对立群体，而是共生生态中不同层面的存在。创作者通过创作来影响粉丝的审美与消费倾向，粉丝则以反馈与支持（点击、评论、收藏、购买周边）来推动创作者提高作品质量。

这种价值共创激发了社区潜在的智慧和品鉴能力。在创作者与粉丝双向流动的良性互动中，IP的形象、周边产品不断丰富。创作者与粉丝之间的界限越模糊，共生格局就越稳固，经济价值与文化活力同步增加。

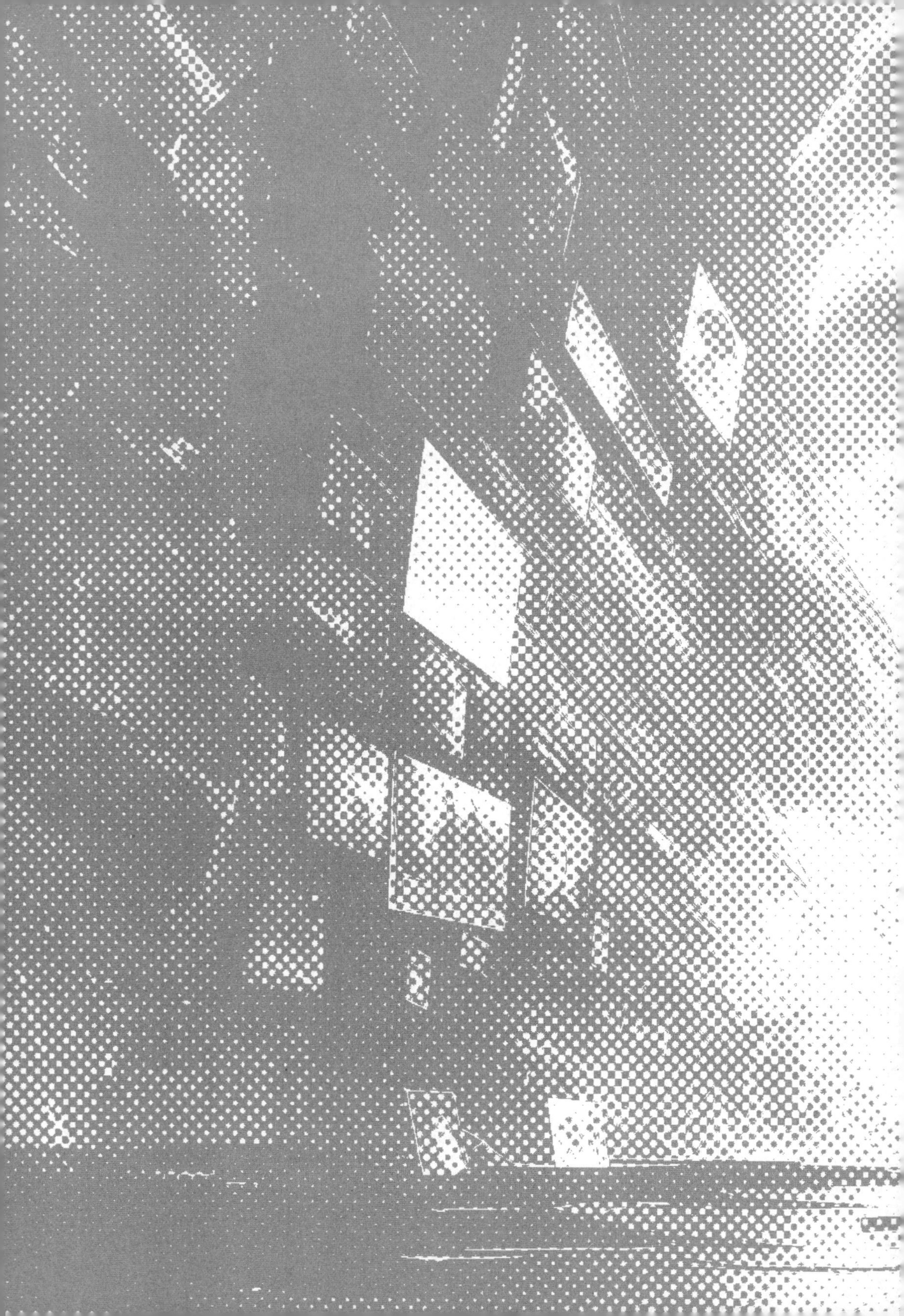

第五章 Chapter 5
资本为何追捧谷子经济？

资本灵敏的嗅觉毋庸置疑，谷子经济的吸引力源于其在文化、商业与技术层面的多重交汇。在数字化浪潮和年轻消费力量的推动下，谷子经济展现出强劲的扩张势头。从用户的情感黏性到产业的深度开发，资本发现了一条连接粉丝热情与长期价值的全新路径。

5.1 谷子经济的市场规模与增长潜力

谷子经济的市场规模与活力,源于年轻消费群体的不断壮大和文化需求的日益多样化。在这个领域,用户不仅消费产品,更消费情感与认同。其强大的用户基础与持续增长的消费频率,推动着这一经济模式成为资本眼中的新风口。

5.1.1 数据驱动的市场格局透视

用户基数与消费频次的叠加效应

以二次元文化为基础的谷子经济早已突破小众圈层限制,年轻消费群体的持续扩大,使用户基数呈现稳定增长的趋势。在各类动漫、游戏、虚拟偶像IP的带动下,用户对谷子的认知度和接受度不断提升。调研机构前瞻产业研究院数据显示,2016年至2023年,中国二次元用户规模从约2.5亿人增加到超过5亿人,市场规模从189亿元增长至2219亿元,预计到2029年将超过5900亿元。

在这一基础上,随着二次元文化渗透日常消费场景,消费者每年购买周边的频次与总额也在不断地增加。近年来,随着消费者对二次元及相关衍生品认可度的提升,人均在周边上的年均支出呈现持续增长趋势。早期消费者可能仅投入少量资金购买基础周边,如今其消费能力与收藏需求不断增强,更多人愿意为限量、特色或联名周边支付更高溢价,从而提升了整体的周边人均消费水平。

初步尝试购买挂件、徽章、立绘摆件后，他们会自然地提升消费层次，从基础小物件扩展至限量收藏、艺术联名款，形成从"入门—进阶—高端"的消费路径。这种由用户规模与单个用户消费深度共同驱动的态势，为谷子经济奠定了可观的市场体量基础。多家行业研究机构（如艾瑞咨询、艾媒咨询）在不同年度的相关报告中均指出，中国二次元周边消费市场规模正以显著的增长率持续扩大，整体市场已达到数百亿元级别，并保持两位数的年复合增长率。这一良性增长趋势，为谷子经济的可持续发展奠定了坚实基础。

多渠道流通与国际化布局

当前，线上电商平台、线下漫展与主题店、跨境贸易渠道的多元并存，为谷子经济的规模扩张增添动力。过去，周边主要依靠漫展等周期性场合销售；如今，电商平台的实时上架、预售、众筹模式，使购买行为不再受时间与地域限制。此外，根据艾媒咨询发布的《2024—2025年中国谷子经济市场分析报告》，线上电商渠道已成为谷子销售的核心渠道，占据了65%以上的市场销售额，而线下场景（包括漫展和主题店）占比约25%。这种线上线下相结合的销售模式有效提升了谷子的触达率和便利性，为市场规模扩张提供了强有力的支持。

一些国际知名IP通过授权合作与海外渠道推广，将谷子输出至全球市场。例如，根据米哈游官方财报，"原神"系列周边在欧美市场的累计销售额超过1亿美元。全球化布局不仅扩大潜在消费人群，更引导产业链实现资源优化配置。来自不同地区的创作者与厂商，在国际渠道中相互竞争与学习，推动产品的迭代与工艺的升级。同时，国际市场反馈为品牌与IP方提供新灵感与信号，进一步刺激市场规模的持续扩张。

5.1.2 产业链延展与价值增值

上游创意与版权的稳定供给

谷子经济的发展离不开上游创意内容的源源输出。知名动画、游戏、轻小说、虚拟偶像不断涌现与迭代，为周边产业提供充足素材。根据《中国文化及相关产业统计年鉴（2023）》，2023年中国原创IP数量突破1万，其中30%以上的IP转化为周边商品。

IP授权与版权运营模式日趋成熟，品牌方在全球范围内选择合适的生产商与设计团队，以快速满足热点IP的市场需求。这种上游供给的蓬勃，使得相关周边开发不再局限于经典角色，而可根据实时流行IP推出特色系列。一旦某个IP在短期内爆火，相关谷子可在数周或数月内迅速上市，满足消费者的及时性需求。这种敏捷反应机制，强化了供给弹性，为市场规模持续扩大提供了坚实基础。

中下游生产与分销的专业化分工

产业链中游与下游的专业分工和协同，为市场规模扩大创造了条件。周边生产厂商聚焦升级制作工艺，降低成本与缩短周期；物流与分销渠道努力提高运输与存储效率；线下主题店与展会通过场景营造和体验服务提升商品附加值。通过多环节协同，谷子经济已形成稳定的产业生态圈。在这一生态中，资本流、物资流、信息流有序流转，使得产品与消费者的匹配更精准。专业化分工提高产出效率，增加规模经济效应，使价格空间更灵活；也让品牌在应对市场变化时具有更强适应性，从而引导整体市场在稳定中不断走高。

5.1.3 投资视角下的机会与优势

新兴消费热点与长期成长逻辑

对投资者而言，谷子经济的市场规模与增长潜力体现在对年轻消费者与文化趋势的敏锐捕捉上。年轻消费者正在形成独特的消费观念：愿意为精神寄托与情感价值买单。谷子经济紧扣二次元文化所承载的美学、故事与价值观，使其商品超越简单的实用功能，成为独特的文化符号与身份表达。

此类消费趋势具备长期潜力：新生代消费者不断成长为社会中坚力量，经济独立与收入水平提升，让他们有更多能力为相关文化商品付费。

多层次产品线与风险分散

在谷子经济产业链中，产品线层次分明：从低价的基础徽章、卡片，到中档的亚克力立绘、艺术周边，再到高端限量手办、艺术家联名款，价格区间宽泛且梯度丰富。这种多层次配置可分散市场风险：即使某款高端限定品销售不及预期，也有基础款与中档产品稳固市场份额。根据相关统计数据，基础款周边销量占比 50%，高端手办与联名款尽管销量仅占10%，但贡献了40%以上的销售额。

5.1.4 政策与资本环境助力

文化创意产业的政策支持

近年来，中国政府相继出台扶持文化创意产业的政策，为相关领域的持续增长提供制度保障。例如，《国家版权局关于2022年全国著作权登记情况的通报》显示，国家不断加大IP保护力度，通过严格执法与版权治理，有效遏制了盗版行为，净化了原创内容的市场环境。此外，根据文化和旅游部发布的《2022年文化和旅游发展统计公报》，政府通过专项资金、产业基金等多种方式为原创IP和相关衍生品开发提供资金支持，这促进了文化创意产业的创新升级。这些财务支持措施为产业的研发、设计、生产环节注入了活力。

与此同时，各地政府也在区域层面出台了具体的扶持政策。2022年，北京市在《北京市"十四五"时期文化产业发展规划》中明确提出，为促进文化创意产业企业发展，将在税收、场地、人才引进等方面给予优惠和补贴。广东省则通过粤港澳大湾区文化产业投资大会等方式，推动"文化+科技+金融"的深度融合，支持文化企业发展。以2024年的大会为例，企业通过路演和对接获得了推动其发展的资金，如易动文化成功获得中金资本和白鹅潭基金的5000万元融资，支持了其在《雄狮少年2》等项目中的高质量内容制作。此外，视旅科技在2023年大会期间路演后，获得亿元A轮融资，进一步推动了其在旅游领域的文化科技创新。此类地方实践为谷子经济相关企业创造了更加安全、稳定的经营环境，并进一步激励更多创作者参与产业开发，最终实现文化价值与经济效益的双赢。

资本市场的推动作用

从资本市场的表现来看，投资者对二次元及相关文创衍生品市场的兴趣日益浓厚。清科研究中心、艾瑞咨询等机构发布的创投与产业报告显示，近年来围绕动漫、游戏、IP衍生品的融资案例数量不断增多，资本对谷子经济的关注度和投入力度也在持续加大。例如，国产潮玩企业泡泡玛特（Pop Mart）是谷子经济模式的代表之一，于2020年12月在香港证券交易所成功上市。根据香港证券交易所披露的上市公告及多家财经媒体报道，泡泡玛特上市首日市值一度突破1000亿港元，成为资本市场中的明星企业之一。这类文创周边企业的成功，体现了资本对新兴文化消费领域的认可与追捧，为整个谷子经济赛道的发展注入了动力。

与此同时，创投基金的活跃度带动了初创型工作室的成长。许多小型设计团队通过资本注入，迅速扩大研发规模并提升生产能力。此外，一些跨国投资机构也开始关注中国谷子经济，主动与国内品牌合作，推动国际市场的开拓。这种资本的注入，不仅增强了行业的创新能力，也提高了企业在国际舞台上的竞争力。

5.2 个人周边店铺的崛起

个人周边店铺是谷子经济中一个重要的微型小经济体，这些店铺大多由个人或小团队运营，专注于生产和销售原创或定制化的周边。在淘宝、漫展等平台，它们成为粉丝消费的重要入口，见图5-2-1。

图 5-2-1 二次元周边店

5.2.1 个性化与定制化的优势

个人周边店铺的崛起主要依赖其高度的灵活性和对粉丝需求的精准捕捉。相比于大型IP授权商，个人周边店铺更能迅速响应市场变化，通过定制化设计为粉丝提供独一无二的消费体验。

精准粉丝服务

个人周边店铺通常对特定IP或角色的粉丝群体有着深刻理解，并能迅速捕捉热门IP或角色的流行趋势。当某角色因动画剧情高潮而热度攀升时，个人周边店铺能够及时推出相关周边，如独特的立牌或台词明信片。这种快速响应能力让店铺的产品始终满足粉丝需求，形成了一种"需求即生产"的灵活模式。

情感化设计

与批量化生产的标准化商品不同，个人周边店铺更注重产品的情感价值。许多店主在设计中融入了角色或故事的深层次情感，通过这种情感连接进一步吸引粉丝。一些店铺推出角色主题的手工笔记本，其中的插图和配文充满了故事感，为粉丝提供了日常陪伴的情感寄托。这种情感化设计不仅让商品具有实用性，还成为粉丝表达喜爱和引发情感共鸣的媒介，见图5-2-2。

小批量灵活生产

个人周边店铺能够采用按需生产的模式，通过预售或小批量定制的方式有效控制成本。相比于大规模生产的厂商，个人周边店铺更加注重风险管理。店主通过预订方式先收集订单，再根据粉丝需求进行生产，这样既避免了库存积压，也能够更专注于设计的打磨。这种生产模式能够在控制成本的同时满足市场需求，特别适合粉丝群体较为集中的IP，见图5-2-3。

图5-2-2　店内同人区

图5-2-3　店内商品

5.2.2 平台化助推个人周边店铺发展

电商平台和社交媒体的普及，为个人周边店铺的发展提供了强大的技术支持和传播渠道。这种"平台化+社交化"的模式能够让小规模经营者在广阔的谷子经济中找到自己的位置。

电商平台的支持

以淘宝为代表的电商平台为个人周边店铺提供了完整的经营链条支持。从产品上架到销售、物流再到售后服务，平台的一站式功能让店主能够专注于设计与制作。平台提供的数据分析工具还能够帮助店主了解消费者偏好，优化运营策略。通过对销售数据的分析，店主可以准确地判断哪些产品更受欢迎，从而在下一个周期内调整设计方向。

社交平台的传播属性

微博、小红书、抖音等社交平台的兴起，进一步增强了个人周边店铺的影响力。许多店主通过发布设计过程的视频、产品展示图片及粉丝使用商品的真实场景来吸引潜在客户。这种高互动性、高参与度的传播方式，不仅能够增强旧粉丝与店铺之间的联系，还能让新粉丝迅速对店铺产生信任。

平台生态的多样化

近年来，除了传统的电商平台，一些专注于手工艺品和定制商品的电商平台也逐渐兴起。例如，Etsy为国际化个人创作者提供了一个展示原创作品的平台，许多中国创作者通过Etsy销售以中国传统文化为灵感的二次元周边。这种细分化的平台生态能让个人周边店铺接触到更多样化的消费者，实现更广泛的市场覆盖。

5.2.3 长期经营的挑战与对策

虽然个人周边店铺因其灵活性和创意性在谷子经济中快速崛起,但其经营过程中仍面临着许多挑战,包括版权风险、消费者黏性及竞争压力等。

版权风险

由于许多个人周边店铺依赖热门IP进行设计,其产品未经授权可能面临版权纠纷。近年来,IP方对侵权行为的打击力度不断加大,一些未经授权的个人周边店铺因此关停。为了规避这一风险,许多店主开始尝试与IP方达成合作协议,通过授权模式合法生产周边。一些知名IP还推出了"微授权计划",允许个人创作者在一定范围内使用IP进行商业化创作。这不仅保护了IP方的权益,也为个人周边店铺创造了合法经营的空间。

与此同时,一些店主选择转向原创设计,以避免版权问题。一些店主以中国传统文化为灵感设计周边,将中国传统元素与现代二次元风格结合,形成了具有独特竞争力的商品。这种原创化的探索不仅帮助店主规避了版权风险,也为粉丝提供了多样化的选择。

消费者黏性

个人周边店铺的成功通常依赖IP的热度,但IP的流行周期往往较短,一旦热度下降,店铺的销售业绩可能受到严重影响。为了保持消费者黏性,许多店主开始探索更多元化的产品设计,同时加强与消费者之间的互动。例如,店主通过消费者投票决定下一款商品的设计方向,增强消费者的参与感;或者通过推出订阅模式,为消费者提供定期更新的独家商品。

竞争压力

随着个人周边店铺数量的增加，市场竞争日益激烈。为了在竞争中脱颖而出，店主需要不断提升自己的设计能力和品牌影响力。例如，一些店主通过提升产品包装的精致度、加入品牌标识等方式，打造更加专业的品牌形象。此外，通过定期举办线上线下活动，例如，主题直播、粉丝见面会等，店主能够进一步拉近与粉丝的距离，以此增强店铺的核心竞争力。

个人周边店铺的崛起是谷子经济多样化发展的缩影。个人周边店铺通过个性化设计与平台化运营，为粉丝提供了丰富的消费选择，也展现了创作者经济的潜力。虽然这一领域仍面临诸多挑战，但通过不断创新与优化，个人周边店铺将在谷子经济的生态中继续扮演重要角色。

5.3 小型团队的商业化路径

在谷子经济的生态中，小型团队以其高效的组织协作和灵活的商业模式成为连接个人创作者与规模化生产的重要环节。这些团队通常由设计师、手办原型师、营销人员等多个角色组成，通过分工协作完成从创意构想到成品交付的全过程。与个人创作者相比，小型团队更具生产能力和市场敏锐度，同时又比大型企业更具灵活性和贴近粉丝需求。

5.3.1 团队化的协作与分工

小型团队的核心优势在于其高效的分工协作模式。相比于个人创作者的单打独斗，小型团队能够将复杂的创作和生产过程拆解为多个独立环节，并有专人负责，从而可以在提升效率的同时保障产品质量。

明确的分工体系

在小型团队中，每个成员都在其专长领域发挥作用。例如，设计师负责角色的概念创意输出和草图绘制，原型师负责将设计转化为三维立体模型，而涂装师则通过精细的上色工艺赋予产品生命。通过这种分工明确的协作模式，团队能够更高效地完成项目，同时保证产品的专业水准。

项目化运作模式

小型团队通常采取项目化运作的模式，通过针对特定IP的短期合作来积累资源与资金。与官方IP方合作推出限量版周边，是团队发展的重要路径之一。

一些工作室会通过承接手办设计与生产的合作项目，由此快速进入市场并建立口碑。这种短期项目不仅帮助团队积累了资金与经验，也为其后续独立项目的开展奠定了基础。

协作工具与流程优化

小型团队在创作过程中，越来越多地借助协作工具和数字化平台来优化工作流程。团队成员通过云端协作平台共享设计稿、3D建模文件和生产进度数据，不仅提高了内部协作效率，还缩短了与合作方的沟通时间。这种数字化协作的引入，使得小型团队能够在快速变化的市场中保持灵活性和竞争力。

5.3.2 平台化拓展商业机会

小型团队的一大优势在于其对多种平台的灵活运用。通过电商平台、众筹平台和社交媒体，小型团队能有效推广产品、验证市场需求并积累早期资金。

电商平台的全渠道运营

电商平台为小型团队提供了直达消费者的销售渠道。通过淘宝、京东等平台，团队能够直接面向消费者销售产品，同时利用平台的物流支持和数据分析工具优化经营策略。通过分析平台提供的消费者行为数据，团队可以更精准地设计下一季的系列产品，并根据热销数据调整库存与生产计划。

众筹平台的市场验证与资金支持

众筹平台是小型团队进入市场的重要途径之一。通过众筹，团队不仅能获得初期资金支持，还能在产品正式投放前验证市场需求，降低投资风险。比如某团队在摩点平台上推出了一款基于热门IP的定制手办，并通过众筹活动提前锁定了2000多名消费者的订单。这种模式不仅为团队分担了生产成本，也能通过众筹期间的反馈对产品设计进行优化，从而更好地满足消费者期待。

社交媒体的创作传播

社交媒体为小型团队提供了展示创意和吸引粉丝的窗口。通过分享创作过程、发布成品展示视频及与粉丝实时互动，团队能够在拥有忠实粉丝的同时，提升品牌的曝光度和影响力。比如，在某平台上，一支小型团队通过系列短视频记录了一款角色手办从设计到生产的全过程。每期视频发布后都获得了数十万次观看，粉丝纷纷在评论区中表达购买意向。这种高互动的传播形式，不仅提升了团队的知名度，也使产品销量显著增长。

5.3.3 内容驱动的品牌化发展

品牌化是小型团队商业化的高级阶段。通过塑造独特的内容风格、提升产品的品牌辨识度及与消费者建立深层次的情感连接，团队能够从单一的产品生产者转型为具有独立品牌价值的市场参与者。

以内容创作为重心

许多小型团队通过深耕于某一领域的内容创作，逐渐形成了自己的品牌风格。无论角色设计的独特审美，还是作品背后的故事情节，内容本身的吸引力是团队品牌化发展的基础。例如，一支团队专注于中国传统文化与二次元风格的结合，其通过一系列以中国古代神话为主题的手办和插画作品，逐渐赢得了粉丝的喜爱，并形成了自己的品牌调性。团队的产品不仅成为消费品，也成为文化符号的承载者。

从工艺到体验的全方位品牌识别

除了内容本身，小型团队还通过材料选择、包装设计和消费体验来增强品牌识别度。例如，一些团队会在产品包装中融入与角色故事相呼应的元素，甚至附加特别制作的角色小传或背景插画。这种细致入微的品牌化策略，让粉丝在购买产品的同时，也体验到了团队传递的文化与情感。

与粉丝的深度互动

品牌化发展的另一个关键是与粉丝建立深层次的互动关系。小型团队通过举办线上直播、线下粉丝见面会及限量活动，与粉丝保持密切联系。比如，一支团队在推出新手办的同时举办了直播活动，邀请粉丝一起见证设计过程并参与互动投票。这种互动模式不仅增强了粉丝的参与感，还提升了产品的预售成绩。

小型团队凭借其灵活的分工协作模式、对多平台的灵活运用及内容驱动的品牌化策略，已经成为谷子经济的重要组成部分。虽然团队面临市场竞争与资源限制等挑战，但通过不断优化协作流程、提升创意能力及强化与粉丝的联系，它们在谷子经济的生态中持续焕发出强大的生命力。

5.4 定价、生产与供应链背后的商业逻辑

一枚简单的徽章，价格为何能高低悬殊？谷子的定价与生产逻辑，背后隐藏着消费者心理、产业效率与品牌信任之间的微妙平衡。

5.4.1 价值创造链中的成本核算与溢价策略

材料与工艺的价格杠杆

从谷子走出设计图纸，到消费者手中形成最终零售价的过程，并非简单的"成本加成"。在供应链早期阶段，原材料的选取、工艺的难易程度、品质标准的高低都会对成本结构产生影响。优质塑料、环保染料、高级涂装技术、严谨的模具打样与调试，都意味着在上游环节投入更高的资金与人力成本。

对企业而言，在生产阶段精确把握这些关键要素，是形成合理定价的基础。如果出于品质要求或品牌定位需要坚持高标准生产，那么定价中自然必须留下足够的利润空间，以弥补成本增幅。反之，在面对中低价位产品时，企业可能会选择工序更简化、材料更通用的方案，确保在

量产规模与成本摊薄效应之间取得平衡。

产量控制和产品稀缺性的双重影响

定价逻辑中另一个关键维度是产量控制和产品稀缺性。在供应链决策过程中，厂商可根据过往销售数据、预售反馈与目标群体来决定生产批次和数量。限定版或小批量的高端产品，因稀有而溢价明显，既可满足收藏者的独特心理需求，又可为企业提供更高利润率。

量产的中低价产品则依赖规模经济来压低单位成本，从而让售价更亲民。如此一来，稀缺策略与规模策略就像两条定价逻辑的平行线，分别满足不同消费者的价值预期，彼此间也能形成互补。

5.4.2 供应链整合下的效率与灵活度

全球化采购与分布式生产

在开放的全球供应链格局中，企业常常将设计、模具开发、原料采购和生产组装环节分布于不同地区，以降低成本或获取特定工艺优势。这可能意味着角色公仔的模型开发在某国进行，喷漆上色在另一国完成，最后在本地或第三地进行包装与品检。这种分布式生产的灵活性不仅能降低综合成本，也能让品牌快速应对不同市场的需求变动。

然而，跨国供应链带来的物流、关税、质量控制等难题都可能影响最终定价。如果国际局势变化或物流成本增加，企业必须在定价时预留缓冲空间，以确保利润与供应链的稳定性。

快速反应与柔性生产

面对市场流行趋势的快速更替和粉丝喜好的瞬间变化，供应链的柔性尤为重要。当某款周边突然受到社群热议时，品牌需在最短时间内增加产量，调整生产计划，避免错失销售窗口期。这要求上游供应商与代工厂具有快速切换生产线的能力，而这类能力往往需要在平时建立信任、确保产能预留与合约灵活。

这种柔性化背后的成本溢价不容忽视：为了维持快速变化的供应链生态，企业在平日就需投入较高协调费用，维持冗余产能或与多家供应商保持良好关系。最终，这些隐性成本会体现在定价中。

5.4.3 品质管控与库存策略的平衡艺术

质量标准与合规压力

在竞争激烈的周边市场中，品质差异往往直接影响品牌声誉与价格空间。为此，企业需在供应链前端建立严格质检标准，设立独立检验团队，采用随机抽样与定期审查的方法，以确保产品在材质、手感、外观、耐用度等方面满足消费者预期。

这种品质管控需要投入资金与人力资源，进而会推高成本。在定价时，企业会将严格质检的隐性支出摊入售价中，以体现品牌对质量的承诺。这不仅是商业逻辑的体现，也是确保消费者信任品牌的重要手段。

库存管理与动态清仓

库存管理是定价与供应链策略中不可忽视的一环。当预测需求不准或产品销售不如预期时，库存过量会给企业带来压力。品牌可能通过阶段性打折、组合促销或区域清仓等方式，将滞销库存快速转化为现金流。

这一过程反映在定价策略上：生产计划稳定与销售预测精准有利于维持价格体系的健全，而较多的尝试性上新则需要在定价中留有利润余地，以应对潜在的库存风险。利用良好的定价策略，可使企业在产品滞销时依旧保持相对灵活，通过让利促销挽回部分损失。

5.4.4 供应链伙伴关系与价值分配

上下游议价权的博弈

从素材供应商到代工厂、分销商、零售终端，每个节点都希望在产业链中获取更多话语权与利润。品牌方需与各方不断协商，以确保成本合理、时间进度可控。拥有强大品牌影响力与稳定产量的企业在议价中更具优势，它们可以通过谈判获得更低的上游采购价或物流费用。

这种博弈影响最终定价结构：如果品牌在供应链中占据主导地位，就能有效压缩成本，有余地在零售价上提供更优惠的条件，或将利润用于品牌推广与IP深化。

分销与物流网络的协同效应

作为供应链的重要环节，分销与物流网络决定产品能否在理想时间、理想地点、理想价格下呈现给消费者。合理的渠道布局与高效的物流不仅能降低配送成本与产品损耗率，也能减少二次流通环节中对价格的层层加码。

如果品牌能借助电商直销、与少数优质零售商深度合作，减少中间环节，那么定价策略可更灵活地适应市场变化。由此可见，供应链通达与高效，在很大程度上决定产品最终价格的可控性与竞争力。

5.4.5 信息透明度与品牌公信力的议价效果

公开信息与品牌溢价

在互联网时代，消费者对价格与成本的敏感度上升。品牌在确定定价时，不仅要权衡成本和利润，还需考虑公信力与口碑。适度公开生产流程、材料来源、工厂条件及设计理念，有助于建立消费者对品牌的信任。这种信任感使消费者更愿意为高品质产品支付溢价，也为供应链成本上升时的价格调整提供了理解空间。

信息透明度策略在商业逻辑中扮演的是无形的调和者，它不直接降低成本，却间接提高了消费者的接受度，使品牌在价格调整中不至于遭遇强烈抵触。

粉丝社群与价格共识

对于深度粉丝而言，价格不只是数字，而是品牌价值与文化体验的映射。如果他们相信品牌对品质的坚持、对创意的投入，就会理解定价中的附加价值，甚至自发替品牌宣传。这种粉丝生态对供应链管理施加了非直接影响：品牌更有动力维护与上游伙伴的长期关系，确保产品始终在线，以维系粉丝的信任与忠诚。

粉丝在一定程度上缓冲了价格策略的"刚性"。品牌可以在面对供应链波动时，与粉丝进行良性沟通，通过预售、分期付款或会员优惠等方式，以达成双方都能接受的价格平衡。

5.5 谷子经济的金融化与资本化

随着谷子经济逐步从文化消费领域向更多领域渗透，其金融化和资本化趋势逐渐显现。无论NFT驱动的数字收藏品市场、IP企业的资本运作，还是基于谷子经济的投资产品创新，这一切正在将谷子经济从小众的粉丝文化扩展为主流的投资方式。金融工具与资本市场的深度介入，不仅为谷子经济提供了新的增长动力，也带来了新的机遇与风险。

5.5.1 NFT 与数字收藏品：虚拟资产的崛起

NFT 的出现，为谷子经济中虚拟资产的确权与交易提供了全新的解决方案。相较于传统的实体周边，NFT 驱动的数字收藏品具有唯一性、可验证性和高流动性的特征，其正在改变二次元文化中的收藏品市场。

NFT 如何赋能数字收藏品

独特性与稀缺性：通过 NFT，数字艺术品和角色衍生品可以获得唯一的标识，确保其具有不可复制的特性。比如，网易旗下旗舰级 IP《阴阳师》推出的 NFT 式神模型不仅是独一无二的数字资产，还通过 AR 让粉丝与虚拟角色在现实环境中互动，进一步提升了收藏品的价值。

流动性与增值空间：NFT 市场的全球化特点使得数字收藏品可以在全球范围内流通。粉丝不仅可以购买、收藏，也可以通过二级市场交易实现增值。

动态交互功能：NFT 能够结合 AR/VR 使数字收藏品更具互动性。例如，粉丝购买的《火影忍者》NFT 角色模型不仅是一件数字作品，粉丝还可以通过 VR 设备在虚拟世界中与角色互动。

NFT 驱动下的风险与挑战

市场波动性：NFT 市场价格受热点的影响较大，可能出现剧烈波动，粉丝在投资时需要承担较高风险。

技术与平台稳定性：NFT 交易依赖区块链，但部分平台存在技术漏洞或操作复杂的问题，可能导致用户体验不佳或产生资产风险。

法律与版权问题：NFT 交易涉及数字版权的归属与授权，若 IP 方未明确管理权限，可能引发版权纠纷。

5.5.2 谷子经济企业的资本化路径

随着谷子经济影响力的不断扩大，相关企业逐渐走向资本市场，通过上市、并购等方式筹集资金，实现规模化发展。这一趋势为二次元文化带来了更多的资源与关注，也进一步推动了产业的规范化与现代化。

上市与融资：拓展发展空间

1. 企业 IPO 案例

B站作为二次元文化的重要平台，其2018年在美国纳斯达克上市后，不仅为自身平台功能的扩展筹集了大量资金，还为整个二次元文化的资本化奠定了基础。上市后，B站在IP内容生产与运营、动画制作及游戏开发等领域大举投资。

2. 资本支持的研发与创新

手办制造商 Good Smile Company 通过股权融资、引入资本以提升工艺水平，并建立智能化生产线，这极大提升了手办的质量和产量。

并购与整合：增强竞争优势

1. 横向并购

动画制作公司东映动画通过收购东映数字中心，进一步增强了其在动画内容制作领域的数字化能力和在热门IP开发中的竞争力。这一举措不仅提升了东映动画在高质量制作方面的影响力，也为其未来在国际市场的拓展提供了技术支持。

2. 纵向整合

索尼影视娱乐公司旗下的 Funimation 通过收购 Crunchyroll，整合动画版权和播放平台，形成了一体化的二次元内容分发生态链。

3. 跨界合作与投资

东映动画与网飞（Netflix）合作，通过联合制作和全球分销的模式，将《海贼王》等热门 IP 推向国际市场。

资本化的潜在风险

1. 过度依赖单一 IP

这样的案例很多，比如动画公司 Aniplex 在其早期业务中过于依赖 *Fate/stay night*，当 IP 的热度下滑时，曾面临短暂的销售增长困境。

2. 市场扩张的资源压力

上市或并购带来的资金虽然充裕，但如果扩张策略过于激进，可能导致资源分散或管理失控。

5.5.3 基于谷子经济的投资产品创新

随着谷子经济逐步吸引投资者的关注，一些基于二次元文化的创新型投资产品也开始进入资本市场。这些产品不仅为投资者提供了新的资产选择，也为粉丝和企业搭建了更便利的互动桥梁。

IP 基金：定向支持文化创意项目

1. 运作模式

日本的 Cool Japan Fund（CJF 投资）专注于二次元文化的投资，支持动画制作、IP 开发及全球市场拓展，通过基金为新兴的二次元项目提供资金支持。

2. 投资价值

Cool Japan Fund 不仅帮助如《你的名字》这些电影成功进入国际市场，也为投资者提供了可观的回报率。

二次元经济ETF：文化产业的投资新渠道

以"动漫产业"为主题的投资产品在日本证券市场受到广泛关注。例如，日本东京证券交易所上市的ETF中包含多支动漫相关企业的股票，如万代南梦宫、东映动画等，这些企业在二次元经济领域有着重要影响力。这类投资产品覆盖了多个动漫经济领域的龙头企业，为投资者提供了参与动漫经济增长的机会，同时分散了单一企业投资的风险。

数字资产证券化

Good Smile Company是一家日本的玩具、手办和流行饰品制作公司，该公司以未来手办销售收入为基础，推出了一批证券化产品，吸引了众多投资者。这种方式不仅能帮助企业提前获取资金，还能使投资者分享到热门手办市场的增长红利。

5.5.4 金融化的机遇与风险平衡

谷子经济的金融化不仅带来了良好的增长前景，也伴随着一定的挑战和风险。因此，企业与投资者需在资本化过程中保持理性与谨慎。

金融化的机遇

1. 多元化收入来源

金融工具的介入使得IP企业不仅依赖周边销售，还能通过资本市场获取长期的资金支持。

2. 增强行业影响力

资本化有助于谷子经济从小众文化转变为主流领域的经济形态，吸引更多资源与人才投入。

潜在风险与对策

1. 市场泡沫化风险

NFT 和资本市场的热潮可能导致市场泡沫，企业需通过透明的信息披露与稳健运营来赢得投资者信任。

2. 法律与政策的不确定性

NFT、证券化等新型金融工具的合规性仍需明确，企业需密切关注政策，确保合法合规。

5.6 谷子经济的投资博弈

谷子经济的投资价值在于其跨越内容、消费和技术的多维潜力。然而，高速发展的市场中也暗藏着同质化竞争和法律风险的考验。投资者需要以敏锐的判断力抓住文化潮流中的突破点，同时运用稳健的运营策略，在激烈竞争中寻找创新与稳健的平衡点。

5.6.1 跨界布局与价值链延伸的多重机遇

上游内容与下游增值空间

在谷子经济中，上游的 IP 创意与下游的产品终端往往存在较高黏性，这为投资者带来跨界布局的契机。与其只在终端周边发力，不如通过投资有潜力的原创 IP 工作室、设计团队或特定工艺供应链环节，在分散风险的同时开拓增值路径。

这种纵深拓展的机会在于：投资者一旦在上游锁定优质创意资源和

版权，将有利于在下游快速产出高附加值周边。相反，下游的反馈数据也可为上游决策提供精准参考，从而打造闭环生态，提高抗风险能力。通过资本整合与资源配置，在不同环节间进行灵活调度，投资者可深度挖掘价值链潜能，以实现稳健增长与策略性溢价。

地域与文化圈层的选点配置

谷子经济的繁荣并非区域均衡，有的地区因年轻人口结构、消费习惯、教育与媒体素养而形成了二次元文化消费高地。在这些核心地区布局，不仅有利于捕捉主流粉丝群，还可通过主题展会、线下体验店、周边集合店等场合，增强品牌与消费者间的互动，使投资标的获得天然的流量与话题性支持。

同时，不同文化圈层孕育出了不同细分领域的周边需求。投资者若能在风格与品类上做出差异化选择（如主打小众题材、非传统题材周边），就有机会在竞争度较低但成长性良好的细分市场中获得可观回报。

5.6.2 投资逻辑与风险管理的平衡艺术

轻资产与长周期策略权衡

谷子经济的资产形态多为轻资产，周边库存压力相对可控，快速翻单的机会众多。然而，IP塑造与品牌认知构建本身需要时间沉淀，这与周边销售的快节奏形成对比。投资者需在短期效益与长期价值间权衡：过分追求短期爆款可能会忽略品牌的长期生存力；而一味以长线布局为主，又容易错失当下火热IP的最佳窗口期。

恰当的策略应该是组合投资：将一部分资金投入成熟IP的周边开发，以获取稳健现金流，同时对有潜力的IP进行培育和孵化，获得未来成长红利。这种组合能让投资者在快与慢、稳健与冒险中找到平衡。

专业人才储备与团队执行力考验

尽管周边生产和销售模式看似易复制，但想要真正取得良好回报，还需要深谙二次元文化审美、用户心理和产业生态的专业团队。缺乏懂行的人才，投资者往往难以及时捕捉市场热点，无法理解粉丝的偏好，从而导致产品定位与定价策略出现偏差。

此时投资者面临的挑战不仅是资本注入，更是对团队建设、管理架构和人才激励机制的考验。只有借助专业团队全面提升创意设计、供应链协调、粉丝互动与营销推广水平，投资方才能在瞬息万变的市场中维持竞争优势。

5.6.3 竞争格局与知识产权保护的隐忧

竞争同质化与品牌辨识度难题

随着越来越多玩家入局，市场同质化竞争加剧：同类IP、相似题材周边在渠道中泛滥，使得价格战与促销战常态化。投资者若未掌握独特的创意风格或独家合作资源，很可能陷入毛利率下滑和消费者疲劳的困境。

品牌差异化与内容创新成为破解同质化竞争的关键点。投资者需要投入资源以挖掘独家卖点，或通过战略联名、跨界合作，引入独特美学元素和设计理念，让产品在众多周边中脱颖而出。唯有如此，才能在激烈的行业淘汰赛中存活并发展。

版权环境与侵权风险管控

IP授权与版权保护是谷子经济的重要支柱，但行业中依旧存在生产售卖盗版周边等问题。一旦投资标的陷入知识产权纠纷，不仅会损害品牌声誉，也将影响销售预期与资金回笼。

为规避此类风险，投资者需谨慎选择合作伙伴，确保供应链合规与品质管控。同时加强法律意识与合规团队建设，积极与版权方沟通，寻求开放许可与官方联动的合法路径。能在版权与授权体系中站稳脚跟的投资者，将在保护品牌价值的同时减少在后期纠纷中产生的潜在成本。

5.6.4 市场不确定性与宏观因素影响

消费者审美与兴趣变化

二次元文化趋势如同时尚潮流，粉丝口味随时间推移而波动。如今受追捧的角色，明日或许遭遇审美疲劳，新主题、新人设也在不断刷新用户期待。这种快速迭代的兴趣动态，对投资的决策与执行速度提出了严苛的要求。

投资者需要建立敏感的反馈机制，借助数据分析与舆情监控，紧盯粉丝讨论热度与谷子口碑走向。快速响应需求与灵活调整策略，才能在审美变迁中保持产品线的生命力和销售韧性。

经济周期与消费能力波动

与其他文化娱乐产业类似，宏观经济环境、居民可支配收入等因素都可能影响周边的销售前景。当经济下行、消费谨慎时，粉丝对高端限量品的需求或有所收缩，基础款与中价位产品仍能维系销量，但整体增速可能放缓。

面对经济周期波动，投资者应避免单一押注高端产品线，而是通过产品组合来分散风险。适度建立储备资金或寻找更稳健的长线合作伙伴，也有助于投资者在经济环境不利时做到基本盘不失。

5.6.5 机遇与挑战中的动态平衡

灵活的资本运作模式

投资者可根据市场信号选择不同的进入模式：参与早期孵化与加速器项目，或在IP走红后通过并购、战略联盟入场，以更有力的姿态分享"蛋糕"。这种灵活性不仅适用于短期套利，更可在中长期布局中逐步调整仓位，让投资决策与行业脉动保持同步。

协同创新与生态伙伴关系

当投资进入多样化竞争阶段时，与产业链上下游建立稳定、诚信、透明的关系愈发重要。原材料供应商、设计工作室、分销平台、展示空间运营方都可能成为协同创新的合作对象。

通过签订长期战略协议、数据共享、联合营销活动，投资者可帮助被投资企业建立坚实的协作网络。这种伙伴关系不仅分担了风险，也创造了更多创新场景，从而能在合适时机引发规模化与集群效应，为投资项目带来长期回报与稳定增长。

5.7 投资者如何评估谷子市场

在谷子经济蓬勃发展的背景下，如何科学地评估这一市场成为投资者面临的重要问题。从核心IP的影响力到品牌战略的执行能力，在评估过程中，投资者不仅需要洞悉显性数据，更需深入了解潜在的生态协同与市场弹性。投资者既要捕捉商业机会，又需考量风险管理，通过多维视角构建出全面的决策体系,以应对市场的动态变化并使投资价值最大化。

5.7.1 从IP基础到生态演化的多层面审视

IP影响力与传承潜能的研判

在评估谷子市场时,核心IP的底层价值是关键起点。成功的IP往往以深厚的历史积累和广泛的用户基础为支撑。投资者需特别关注IP世界观的完整性、角色的多样性,以及其在多代用户之间的文化认同是否持续存在。具有强大传承潜能的IP,不仅能跨越时代的审美变迁,还可随着媒介和技术的革新不断自我进化,从而在市场波动中展现更强的生命力。

这样的IP不仅能稳定地吸引忠实粉丝,品牌方也能通过丰富的角色谱系和世界观设定,持续开发多样化的周边。从收藏性手办到日常化文创商品,再到虚拟活动与数字内容,这些以IP为核心的生态链条为投资者提供了获得长线收益的保障。

生态协同与产品线宽度

产品单一无法长期支撑市场,所以投资者需要审视品牌在产品线上的布局能力。产品是否能涵盖低价位日常商品到高端定制收藏品的全价位层次?是否具备多品类横向延展能力?品牌如何通过跨界联名、主题展会等手段提升产品的文化附加值?这些都是评估产品的市场弹性的重要指标。

一个具备生态协同能力的品牌,其产品线往往能互为补充:既能满足不同消费群体的需求,又能在市场波动时保持平衡。这种协同效应不仅能增强品牌的抗风险能力,还能为投资者提供稳定而灵活的收益空间。

5.7.2 基于数据化与专业化工具的分析

多维数据指引市场脉动

传统的销售数据已不足以全面反映谷子市场的真实潜力，投资者需引入多维指标进行全面分析。

1. 社交媒体声量与互动率

需要监测粉丝对IP的讨论热度、话题传播深度与互动质量，并从中捕捉市场对产品的潜在需求信号。

2. 二级市场交易记录

通过分析拍卖平台上限量版产品的交易数据，判断产品的增值空间与收藏价值。

3. 用户调研与受众画像

借助问卷调查与大数据分析，细化消费者群体特征，明确其购买偏好、审美倾向与支付能力。

总之，综合解读多维数据能够将碎片化的销售数字转化为全景化的市场画像，为投资决策提供更精准的方向指引。

外部指标与基准比较

透过与竞争品牌或其他成功IP的对标分析，投资者可以更直观地了解被评估对象的市场表现。例如，比较IP的成长曲线、产品更新频率、跨界合作成效等，将其置于行业大环境中进行横向评估。这种对标不仅能帮助投资者识别IP的优势与劣势，也为其优化策略提供了可靠的参考依据。

5.7.3 风险与弹性评估

供应链弹性与上游资源稳定性

在谷子市场中，供应链的稳定性是保证品牌竞争力的基础。投资者需深入了解品牌方与供应商、生产商之间的合作模式，包括原材料成本控制、生产工艺创新能力，以及库存周转效率等。

当热门 IP 的热度下降或生产成本上升时，品牌方是否具备快速调整策略的能力？能否在短时间内推出符合新趋势的产品？这些问题的答案会影响品牌方应对市场波动的弹性。

政策与版权风险的事前审慎

版权保护是谷子经济的命脉之一。投资者需确保品牌在授权链条上拥有合法的操作，并具备处理潜在版权纠纷的能力。例如，品牌是否组建了强大的法律顾问团队？在国际化拓展中是否能应对不同地区的法律差异？审慎考量这些细节，有助于投资者规避潜在风险并确保长期收益。

5.7.4 品牌战略与经营团队的软实力考量

团队愿景与执行力透视

成功的谷子经济品牌离不开一支具备前瞻性与执行力的核心团队。投资者可以通过高管访谈、公开发布会、行业峰会合观察团队的战略思维和行动能力。例如，团队是否能够敏锐捕捉行业趋势，如元宇宙的应用与数字周边的开发？是否具备策略迅速落地的执行力？

不仅如此，团队的透明决策流程与内外部协作能力，也能反映品牌在复杂市场环境中的适应能力与抗压能力。

营销策略与社群运营手段

现代粉丝经济的成功离不开高效的社群运营与创新的营销策略。投资者需关注品牌是否善于利用新媒体工具进行传播，例如，通过直播互动、粉丝投票、限量发售等方式，增加用户的参与感与忠诚度。

品牌在社群中的影响力，往往决定了产品的长尾效应与用户的口碑传播能力。这种隐性的市场竞争力，可能是评估对象在同类品牌中脱颖而出的关键。

5.7.5 整合评估中的动态平衡

综合以上因素，投资者需要在短期回报与长期战略之间寻找平衡。可采用组合投资策略，将部分资金用于成熟IP的周边开发，以获得稳健现金流，同时进行有潜力IP的孵化，锁定未来增长点。

通过科学评估与灵活应对，谷子市场的投资潜力不仅体现在眼前的盈利机会上，还暗藏于产业生态的长远扩展中。唯有在多维审视中实现动态平衡，投资者才能在这片充满热情与创意的市场中占据优势地位。

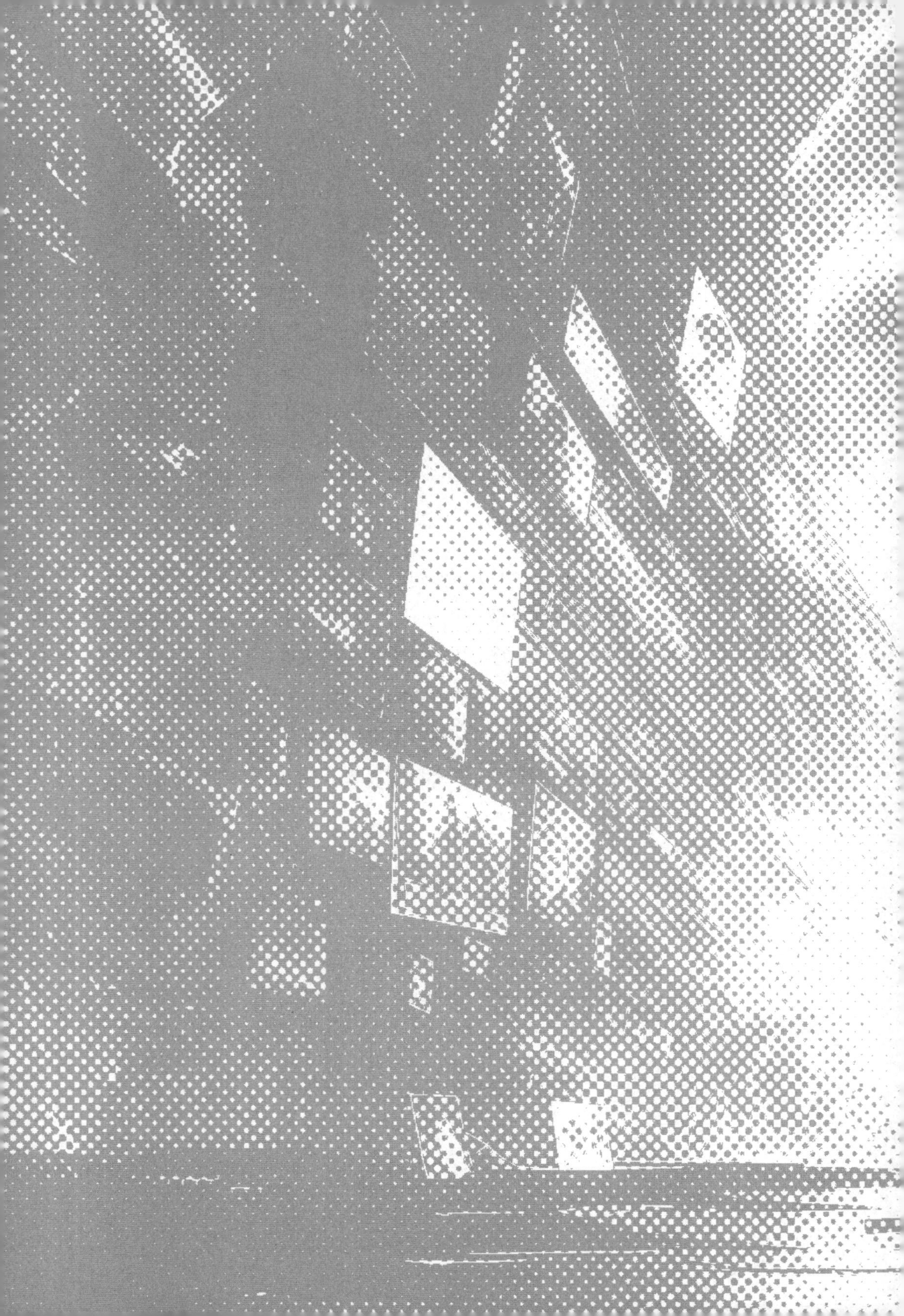

第六章 Chapter 6
谷子经济的全球化浪潮

谷子经济,作为二次元文化与商业创新的交汇点,正以惊人的速度走向全球。从亚洲的文化圣地到欧美的新兴市场,这股浪潮不仅改变了粉丝的消费方式,也重新规划了文化产业的跨国布局。在全球化的舞台上,谷子经济展现出前所未有的潜力,它以多元化的形式连接不同国家、城市与人群,将次元壁的边界延展为文化共鸣的桥梁。通过文化输出与商业拓展的协同作用,谷子经济正在为全球文化融合与城市竞争力提升书写新的篇章。

6.1 谷子经济的全球盛会

在全球化与文化多样性深度交融的当下，二次元文化从小众圈层走向了世界舞台，以展会形式为核心的谷子经济成为连接创作者、粉丝与商业产业的纽带。这些展会不仅带来了文化的交融与碰撞，也在全球范围内掀起了一股二次元浪潮。

从东京到洛杉矶，再到上海，每一次的二次元展会吸引了成千上万的粉丝，展示了动漫、游戏、手办、角色扮演等丰富的文化内容，同时通过产业链整合和商业模式创新，为当地经济注入了新的活力。这些展会早已超越了文化活动的范畴，成为一种全球化的经济现象，推动谷子经济在各大城市间广泛传播。

6.1.1 秋叶原——御宅族的圣地

秋叶原，原本是以电子商品闻名的商业街区，如今已然成为全球二次元文化的象征。

秋叶原的独特之处，在于它不仅是一个地理空间，更是一种生活方式的浓缩。随处可见的动漫商店、手办模型店，以及层出不穷的主题咖啡馆，构成了一个充满创意与活力的生态圈。从初入二次元文化的游客，到沉浸多年的御宅族，每个人都能在这里找到归属感。

这条街道上的每一处细节，都凝聚了日本动漫产业的精髓。它见证了从20世纪末到今日，二次元文化如何从小众圈层扩展到全球市场，也记录了粉丝经济、IP衍生品和跨媒体文化的蓬勃发展。

6.1.2 东京：Comiket——世界最大的一个同人展

作为全球规模最大的一个同人展会，东京的Comiket每年吸引数十万名创作者与粉丝齐聚一堂。展会不仅是创意者的舞台，也是全球粉丝购买独家原创产品的重要渠道。其经济效益直达百亿日元，带动了周边酒店、餐饮等相关行业的繁荣，成为谷子经济全球影响力的重要象征。

6.1.3 上海：ChinaJoy——数字娱乐与二次元文化的完美融合

上海的ChinaJoy已成为亚洲地区数字娱乐与二次元文化融合的典范。从角色扮演比赛到限定商品售卖，ChinaJoy为粉丝提供了丰富的沉浸式体验。每年吸引的数十万名玩家与二次元爱好者，不仅推动了展会本身的成功，也提升了上海在全球文化经济中的地位。

6.1.4 洛杉矶：Anime Expo——北美最大的动漫展会之一

Anime Expo作为北美规模最大的动漫展会之一，每年都吸引了全球粉丝与品牌的参与。Anime Expo不仅是二次元文化的交流平台，也是品牌推广与跨文化合作的重要场所。其超过14万人次的参观人数及数千万美元的经济效益，印证了谷子经济在北美的强劲增长。

6.1.5 谷子经济浪潮的多重效应

全球文化互动的加速器

二次元展会推动了全球文化的交流与互动。从创作者的跨国合作到粉丝文化的多元融合，这些展会成为谷子经济重要的传播渠道。通过展会，区域性的文化符号逐渐转化为全球化的文化资产，激发了跨文化的创作灵感与消费潜力。

经济与创意产业的双向推动

二次元展会不仅为当地经济注入了活力，也为创意产业提供了资源与市场支持。从限定周边的售卖到 IP 授权的延伸，这些展会成为创意经济与传统产业结合的典范。数据显示，二次元展会期间的消费高峰，对周边产业的带动效果尤为显著。

全球文化版图的重塑

随着二次元文化展会的兴起，全球文化版图正在重新绘制。这些展会不仅为谷子经济的国际化发展奠定了基础，也为不同城市提供了提升文化竞争力的途径。在这种趋势下，谷子经济正以其强大的传播力与吸引力，塑造着全球文化与经济的新景象。

展望未来，随着更多城市加入二次元文化的浪潮中，谷子经济将继续增强其影响力，成为全球文化互动与经济发展的重要推动力。

6.2 谷子经济在不同地区的市场表现

在全球化进程中，谷子经济凭借其独特的文化张力和商业模式逐步融入不同国家的市场生态。无论亚洲的文化共鸣、欧美的多元诉求，还是拉美与中东的增量蓝海，每一个市场都在为这一新兴经济形态赋予强大的生命力。不同的文化背景与消费行为，为谷子经济带来挑战的同时也催生了独特的机遇。在版图扩张的过程中，如何平衡本地化需求与全球化视野，成为品牌实现多维布局的关键命题。

6.2.1 亚洲市场：文化近缘与创新

日本与韩国：成熟产业链下的竞争与互鉴

日本与韩国拥有完善的 IP 生态与周边产业链。作为全球二次元市场的重要部分，这两个国家的消费者对产品质量、设计细节和文化表达的要求极为苛刻。对于中国的谷子经济而言，这既是一个充满潜力的市场，也是一场艰难的竞争。

在日本市场，中国的谷子可以借助文化近似性与审美共鸣找到突破口，但同时必须达到极高的工艺标准。日本消费者特别钟爱优质做工、精细设定的周边，限量版与收藏品更是广受青睐。品牌若能通过高度还原的角色设计、极具匠心的产品制作及限定发售策略切入市场，便有机会赢得忠实粉丝。此外，与日本本土的动画制作公司、设计师及手办厂商合作，将有助于中国品牌迅速融入日本的成熟产业体系，并在合作中汲取技术与创意的双重经验。

韩国市场则展现出不同的特征。与日本相比，韩国消费者更注重周边的潮流化设计和跨媒介联动能力。IP 通过影视化、偶像化推广，再结合限量周边的线上线下联动，能有效吸引韩国年轻消费群体的注意力。此外，韩国对全球潮流趋势高度敏感，使得与本地时尚品牌合作推出联名周边成为可行策略。这种跨界合作不仅能提升产品的时尚感，还能通过粉丝快速增强市场影响力。

通过与日韩本地品牌、创作者及平台深度合作，中国谷子经济不仅能够找到细分市场的突破点，还可以构建互补共生的长效合作机制。

东南亚与华人文化圈：语言通路与社群扩散

相比日韩的成熟市场，东南亚则是一个尚未被完全开发的增量市场，具备巨大的成长潜力。在马来西亚、新加坡、泰国等地，华人文化圈的影响深远，中国谷子经济享有语言与文化上的天然亲近性。特别是在年轻一代中，萌系角色、轻松搞笑的IP设定及价格亲民的周边更容易受到欢迎。

针对这一市场，品牌可以通过积极参与当地的文创节、漫展等活动，直接接触目标用户，以增强品牌影响力。以多语种营销作为核心策略（如中英双语说明或结合当地语言的推广内容），能够进一步缩短与消费者的距离。在泰国或马来西亚，提供包含中文、泰语、马来语的角色背景介绍及产品包装，不仅能展示文化尊重，还能提升用户体验。

由于东南亚市场的消费习惯具有多样化的特点，因此支付方式更倾向于本地化的解决方案。品牌需在电商平台上适应不同的支付手段（如电子钱包、银行转账等），并优化物流配送，以确保快速满足消费者需求。这些举措将助力品牌在这一多元市场中迅速积累消费者，并通过社群互动实现口碑传播。

通过在日本深耕工艺品质、在韩国抓住潮流热点、在东南亚活用文化亲近性，中国的谷子经济可以在不同市场形成分层而精准的布局，为品牌的国际化奠定坚实基础。

6.2.2 欧美市场：审美差异与IP故事的再叙事

北美与欧洲：重视角色内涵与社会议题的融合

欧美消费者虽对二次元文化有一定了解，但他们更注重角色内涵的深度挖掘及与社会议题的结合。塑造具有文化包容性的角色，例如，代表不同种族的形象，能够更好地迎合欧美市场对多样性的追求。尤其是在北美和欧洲市场，强调种族多元化和性别平等的叙事逻辑更容易引起情感共鸣，同时体现品牌对社会价值的认同。

另外，故事表达的主题需更具深思性，可以融入如环境保护、社会正义、心理健康等议题，从而在欧美消费者中形成更持久的认同感。

社会议题与附加价值的巧妙结合

欧美市场对环保、公益这一类的社会议题表现出极高的关注度。若能在周边的开发中运用可持续材料，并通过设计突显文化公益、社会责任，将更容易赢得当地消费者的好感与支持。例如，采用可回收材料制作产品，或通过捐赠部分销售收入用于慈善项目，都可以强化品牌在消费者心中具有的责任感的形象。

除此之外，避免文化挪用和刻板印象的呈现，尊重不同文化背景的表达，不仅能有效规避舆论风险，还能树立品牌的国际声誉。这种注重细节与社会价值的附加设计，将助力中国谷子经济在欧美市场建立具有差异化的品牌形象，逐步赢得粉丝的认同。

6.2.3 拉美与中东市场：破圈潜力与未知蓝海

拉美市场：热情粉丝与社交网络

拉美地区的年轻消费者对流行文化充满热情，对二次元内容尤为感兴趣。他们活跃于社交平台，如 YouTube、Instagram、TikTok，通过这些平台还可以快速而有效地传播品牌内容和周边形象。开设迷你主题快闪店、举办旅行周边派对或推出社交媒体挑战赛等活动，能够迅速吸引粉丝参与，增强品牌在当地的曝光度和互动性。

与其他地区的市场相比，拉美市场的 IP 生态尚未完全固化，这为新品牌提供了更多的破圈机会。如果以鲜明的角色形象与热血励志的故事为导向，或许能够很好地迎合当地年轻人对激情与正能量的偏好。比如，通过角色塑造传递团结、奋斗、友谊等主题，不仅能够与拉美文化产生共鸣，还能增强品牌的情感价值，从而为长期布局奠定坚实的基础。

中东市场：审慎本地化与文化敏感度

中东市场以其独特的文化背景著称，消费者对品牌的本地化程度及文化敏感度极为关注。因此，在产品设计与主题选择上，品牌需格外审慎。例如，避免涉及敏感题材，尊重当地的审美偏好，同时适度融入当地传统元素，能够更好地吸引消费者的关注与认同。

与当地分销商、文化顾问合作至关重要。这不仅有助于避免潜在的文化误解，还能通过专业指导优化品牌推广策略。尽管进入中东市场的门槛较高，但一旦通过稳健的本地化策略赢得当地消费者的信任，其忠诚度和重复购买率往往远高于其他地区的消费者。依托当地增长迅速的年轻人口和日益壮大的中产阶层，品牌可以在这一相对空白的蓝海市场中获得先发优势。

通过拉美市场的社交媒体传播优势和中东市场的精准本地化策略，中国谷子经济可以打开新局面。这种因地制宜的灵活布局，不仅能为品牌提供更广阔的发展空间，也将为其全球化发展积累更多经验与资源。

6.2.4 灵活应变与区域化策略并行

调整产品定位与营销手段

面对全球市场的多样化需求，单一的公式难以奏效。品牌必须因地制宜，采用区域化策略来应对不同市场特征。在高端市场，注重手工品质与艺术联名，通过精致设计和限量发售提升产品的稀缺性和文化附加值；而在价格敏感的地区，则可主打亲民的入门级周边，同时推出定制化服务，以满足更广泛的消费群体需求。通过灵活定价与差异化包装，品牌可以在各类市场中找到平衡点。

这种灵活度不仅赋予品牌更强的适应性，也为其全球扩张提供了抗风险能力。当某一市场需求遇冷时，品牌可迅速调整资源，将重点转向增长潜力更大的地区，借此实现市场布局的动态优化，从而分散风险并最大化资源效益。

持续进行数据分析与策略迭代

在国际化的扩张过程中，定期收集并研究各地区的市场销售数据、用户反馈和竞争对手动态，是品牌保持竞争力的关键。通过建立全球化的数据分析框架，将这些信息融入决策流程，可以精准识别市场需求的变化趋势，从而及时调整产品品类、文化输出方式及联名合作对象。

这种基于数据研究的策略迭代，能确保品牌在面对未知文化挑战时不"闭门造车"，而是以灵活的态度"循迹而动"。品牌可以根据销售数据优化热销产品的产能分配，或依据用户反馈调整包装语言和设计风格。此外，通过分析竞争对手的动态，还可及时发现新的市场机会或潜在风险。

这一迭代模式赋予品牌持续改进的能力，使其能在多元文化交汇的国际市场中保持成长动力，并不断完善全球化布局路径，为品牌在快速变化的市场环境中赢得长期竞争优势。

6.3 如何在跨文化合作中保护本土IP

跨文化合作为本土IP提供了接触全球市场的契机，也为文化多样性带来了灵感。然而，在这一过程中也隐藏着潜在的风险：文化误读、版权侵害、品牌同质化等问题都可能对本土IP的独特性和市场价值造成冲击。因此，在全球化的浪潮中，如何保护本土IP，避免其核心精神与审美特质被稀释，是品牌必须优先解决的问题。

6.3.1 法律与授权框架的构建

明晰的授权合约与权利分配机制

跨文化合作的基础在于清晰且具有操作性的授权协议。本土IP方需明确合约条款，包括使用范围、期限、地域限制、利润分成比例及知识产权归属等关键内容。此外，对于合作过程中可能涉及的形象改编、内容创作等，也需列明具体授权限制及审核程序，以免因文化差异导致IP核心价值的偏离。

为避免语言与法律体系上的误解，品牌可与专业的国际知识产权律师团队合作，编制多语言版本的合同，确保各方理解一致。通过这一法律框架，品牌方可以在推动国际化合作的同时，牢牢掌控IP价值链的主导权。

多层级版权管理与技术追踪

随着数字技术的发展，版权保护的手段也愈发多样化。品牌可借助区块链或数字水印系统，对核心角色形象、故事元素、视觉设计进行追踪与标记。这不仅能帮助品牌在全球范围内识别侵权行为，也为后续追责提供有力证据。

此外，构建一个灵活的数字版权管理平台，实时监测合作方的授权使用情况，对于跨国合作中的侵权防范尤为关键。有了法律与技术的双重保障，品牌可以在IP国际化进程中筑起一道强有力的防护墙。

6.3.2 文化差异中的品牌定位与审美坚守

坚持核心审美特质，避免盲目迎合

跨文化合作的成功离不开适度本地化，但IP方在迎合目标市场时需始终坚守品牌的核心审美特质与叙事内核。比如，在角色设计中保留IP的标志性造型、情感深度和故事逻辑，而非片面地调整以迎合当地潮流。

这一审美坚守不仅能维护本土IP在全球市场的辨识度，还能塑造品牌长期的文化价值。成功的跨文化合作应在本土与国际审美之间找到平衡，而不是以牺牲独特性来换取短期的市场利益。

文化顾问团队与风险评估机制

在与其他文化背景的合作方交互时，构建一支专业的文化顾问团队尤为重要。团队成员应涵盖跨文化传播专家、学者及目标市场的本地文化顾问，为合作项目提供全方位评估。他们不仅能够帮助品牌预判跨文化传播的风险，还能为内容调适、推广策略提供专业建议。

此外，品牌可引入一套文化风险评估机制，对重大改编方案、营销活动和形象展示进行多维度审核。这种机制能使品牌在潜在问题暴露前调整策略，确保合作方向符合IP原有的精神内核与国际市场的文化期待。

6.3.3 分阶段拓展与渐进式融合

测试性发行与小规模联动

跨文化合作初期，避免贸然进行大规模授权，以降低市场波动带来的风险。品牌可选择测试性发行策略，例如，在少数目标市场推出限量版周边，或通过小范围联动合作尝试与当地消费者接触。

通过分析试点项目的销售数据、消费者反馈与文化契合度，品牌可以优化后续产品设计与营销策略。逐步推进的模式既能为全面合作铺平道路，也为品牌调整策略留出了空间。

灵活运用全球与区域代理模式

针对不同市场的文化环境与商业成熟度，品牌可选择多样化的代理策略。在成熟市场中，与经验丰富的本地代理商合作，既能确保文化适配性，也能提升运营效率；而在相对空白的蓝海市场中，品牌可直接介入，掌控渠道与内容策划。

通过灵活应用全球与区域代理模式，品牌不仅能在不同市场间高效切换，还能根据区域特性量身打造合作方式，保持 IP 的文化一致性，提高市场敏锐度。

6.3.4 品牌战略与全球合作的动态平衡

从本土化到全球视野的战略升级

跨文化合作的最终目标，不仅在于进入海外市场，更在于塑造具有全球影响力的文化符号。为此，品牌需从长期视角制定其国际化战略，避免陷入单一市场短期红利的困局。

通过不断吸纳国际文化创意，品牌可在全球市场形成更广的叙事维度。例如，与国际知名艺术家、时尚品牌合作，通过联名款产品在全球范围内树立文化高度，使本土IP具备兼容并蓄的全球化特质。

生态协作与共创机制

除了单纯的商业授权，品牌还可以探索生态协作模式，将本土IP融入国际文化创意生态中。例如，与国际电影、游戏、时尚产业建立合作，通过多方联动构建更加多元化的产业链。这不仅能扩大IP在全球市场的影响力，也能为品牌的文化延伸提供实践场景。

6.3.5　从保护到共赢：本土IP的国际化新路径

通过法律、文化与市场的多维守护，本土IP的国际化既要保留其独特价值，也应主动拥抱多样化的合作机会。在跨文化传播的过程中，品牌需要以更开放的心态探索融合边界，同时以专业化的管理体系确保核心精神的延续。通过稳健的扩展策略，本土IP不仅能在国际市场站稳脚跟，更能通过与不同文化对话，激发更多的创意，实现价值共赢。

6.4　谷子如何提升中国的文化软实力？

在全球化的文化交锋中，谷子经济以其独特的柔性传播方式，正在成为中国文化软实力的重要载体。通过设计精美的周边商品、深入人心的IP故事，以及与国际市场进行互动，谷子经济不仅展示了中国的创意与审美，更为世界提供了一种轻松了解中国的方式。本节将探讨谷子经济如何在文化交流中找到平衡点，在多元语境中增强中国的文化吸引力与全球影响力，为构建更具国际认同感的中国形象提供了新路径。

6.4.1 由消费品到文化符号的角色转变

软实力与谷子经济的桥梁作用

软实力是指一个国家在国际舞台上通过文化方面的吸引力来影响他人的能力。中国的谷子经济,从最初的粉丝消费衍生品发展到当前的全球化浪潮,已然不再局限于满足单一群体的娱乐需求,而是逐步成为传递中国审美的文化载体。

在海外市场中,消费者对谷子的关注不只停留在产品外观,也会从产品设计、选材、故事灵感中感受到中国的文化特质。无论灵感源于山水意境的插画,还是融入传统元素的角色服饰,都能在不经意间将中国的历史底蕴、审美哲学和人文精神以柔性方式扩散至国际受众心中。

亲和传递而非强制输出

相较于电影、电视剧等较为宏观的文化产品,谷子经济中的周边商品更能以"润物细无声"的方式进入日常生活,成为海外消费者生活中的一部分。这种亲近感在提升软实力方面有着独特优势——让用户在日常使用、欣赏中自然感受到中国创意、美学与价值理念的魅力。

这样的柔性传播方式减少了文化摩擦与抵触心理。消费者可能因为对周边的喜爱进一步了解其中的故事背景、创作灵感,从而在潜移默化中接受、认同,并传播中国文化,这为提升中国软实力储备了坚实力量。

6.4.2 多层次价值输出与国际话语权塑造

年轻群体与国际粉丝圈的影响放大

谷子经济的核心消费群往往是年轻人,他们对新鲜事物接受度高,交流渠道多元，国际联系紧密。在全球各地二次元展会、潮流活动上出现的中国周边品牌，以产品设计、角色设定与故事主题为窗口，向年轻一代消费者传递多样化的中国形象。当这一代年轻人在社交媒体上分享对中国周边的开箱视频、测评内容时，他们便在跨境网络舆论场中积极宣传了中国文化。

艺术联动与文化品牌升华

谷子经济在不断尝试与国际知名艺术家、时尚品牌、潮流文化机构进行跨界联名。这些联名产品代表的不仅是设计美感的叠加，更在国际文化产业链条中提升了"中国出品"这一标签的价值。

当中国品牌成功与全球认可的艺术家合作时，所产出的联名周边不只是商品，更是艺术对话与文化交融的成果。这提升了中国文创的高度，并有助于构建国际社会对"中国创意"高标准的印象，从而进一步巩固中国在国际文创圈中的地位。

6.4.3 创造国际共鸣点与构建认同体系

共情主题的选择与全球议题响应

在设计 IP 与周边时，中国的谷子经济可以全球共情的主题（如环保、和平、友谊、包容）为切入点，将中国文化理念融入其中。这样的主题不但易于使海外消费者产生好感，更能彰显中国的国际责任感。

在角色故事中融入可持续发展理念，或在周边设计中体现对多元文化的尊重，能让海外消费者在欣赏产品时不只感受到东方美学，更能理解中国作为国际参与者的价值追求。此举不仅有利于在国际公域中塑造积极、现代的中国形象，也为提升中国软实力增添了深层的道德与情感内涵。

延展国际社会议题的对话空间

当谷子被广大海外消费者收藏并展示时,他们的朋友也会接触这些作品,从而触发讨论与理解的过程。由此,源于中国文化的符号元素有机会在全球范围内引发话题与思辨。

在跨文化对话中,谷子经济不只输出了产品,还提供了交流语境与话题议程。海外消费者在谈论产品背后的故事与美学理念时,无形中参与了对中国文化的再认识与再创作,将中国软实力以更自然的方式传播。

6.4.4 制度保障与人才建设的内驱力

培养国际化创意人才与建立团队

要持续提升文化软实力,中国谷子产业就必须有具备国际视野的创意人才。他们不仅懂产品设计,更了解国际市场与消费心理,善于跨文化表达与传播。当具备国际语言与文化敏感度的设计师、策划者走上舞台时,中国周边将更从容地在海外落地生根。

有了国际化人才团队,品牌可迅速对海外粉丝的反馈进行回应,并不断优化产品,从而在全球竞争中赢得先机。这种内部活力确保了中国品牌不必依赖临时调适,而能主动引领潮流。

官方支持与产业联盟形成合力

通过政府文化推广基金、海外文化中心的协助与行业协会牵线搭桥,中国品牌可更加顺利地进入国际文创生态,参与国际展会、进行商贸洽谈、人才交流和标准制定。官方组织与市场主体联手,共同构筑有利于中国谷子文化出海的宏观环境。

产业联盟、学术机构、文化研究团体积极参与其中,能为品牌创作提供智库支持、学术背书，使品牌的海外推广更显深度与厚度，同时为中国文创在国际舞台建立信任感。

6.4.5 从周边经济到软实力提升的长远路径

塑造可持续的文化生态圈

当海外消费者对中国周边的喜爱转化为对中国文化的兴趣和理解时，谷子经济便成为提升中国软实力的持续动力。粉丝的二次创作、话题讨论、同人艺术，延伸出了更多维度的文化输出，将中国的审美融入国际流行文化中。

由此，谷子经济不再只是产业链的盈利模式，更是一个文化生态圈的打造过程，其经济活力与文化创造相辅相成，共同塑造中国软实力的全球版图。

建立国际认知的"共同语言"

在消费者与创作者、品牌与粉丝、官方与民间多重力量的协同下，谷子经济可成为中国对外文化交流的"共同语言"。通过轻松、友好、创造性的形式，让不同国家的人都能在此找到共鸣点，并将其对中国文化的初印象升级为认可和赞赏。

在这一认知缓慢形成的过程中，中国软实力在日常生活、精致周边中逐步显影。当中国逐渐成为"创意、品质、故事、美学"的代名词时，软实力的提升便会慢慢实现。

6.4.6 文化输出的典范：《黑神话：悟空》的全球化尝试

《黑神话：悟空》作为2024年备受瞩目的中国游戏代表作之一，不仅因其高水准的画质和创新的游戏机制在国内外游戏市场引发广泛讨论，更因巧妙地结合了中国传统文化与现代游戏叙事方式，成为中国文化输出的一个鲜明案例。

以游戏为载体重构经典

《黑神话：悟空》改编自中国古典名著《西游记》，但它并未拘泥于传统文本的忠实还原，而是选择通过现代化的游戏叙事与视听语言对这一经典进行了全新建构。这种重构并非简单的"西游元素拼贴"，而是通过游戏的角色塑造、场景设计、故事铺陈等方式，为全球玩家带来了耳目一新的体验。

玩家在游戏中可以操控孙悟空与各种妖怪对战，而这些妖怪的形象设计既遵循传统民俗的审美逻辑，又进行了当代视觉艺术的细腻呈现。在这一过程中，《黑神话：悟空》通过画面细节展现出中国神话独有的奇诡与壮丽，让玩家直观感受到东方文化的魅力。

文化元素的细腻呈现

《黑神话：悟空》不仅是一个叙事与玩法结合的游戏，更是一个中国文化的多维度展示空间。游戏中的场景设计大量运用了中国传统的山水画风格，玩家可穿梭于幽深的竹林、嶙峋的山崖、古老的寺庙等极具东方韵味的场景中。这些场景不仅是游戏关卡的背景，还通过细节体现了中国文化中"天人合一"的哲学思想。

游戏中的音乐同样值得一提。制作团队邀请了中国传统音乐家参与创作，利用古琴、二胡等民族乐器为游戏赋予独特的听觉魅力。这种结合，能让全球玩家在沉浸式体验中感受到中国文化的独特之美。

国际传播中的文化共鸣

《黑神话：悟空》从发布之初便吸引了全球游戏媒体和玩家的关

注。其首个宣传视频在海外社交媒体的播放量突破千万，引发了大量关于中国文化与游戏设计的讨论。在这波热潮中，不少海外玩家表示，他们第一次通过一款游戏了解到《西游记》的故事与中国神话的魅力。

这种关注不仅限于游戏本身，还延伸至更广泛的文化领域。在欧美玩家社区中，有人深入研究《西游记》的文化背景，也有人开始关注与之相关的中国哲学和民俗传说。这种"自发性学习"正是《黑神话：悟空》在文化传播中实现的一次重大突破。

《黑神话：悟空》的成功为谷子经济在提升中国文化软实力方面提供了几个重要启示。

1. 立足传统，融入现代

《黑神话：悟空》并非简单复制传统文化，而是通过现代媒介与国际语言的表达形式，让古典文化焕发新生。这种方式为谷子经济中的周边设计、故事创作提供了参考，即通过"文化重构"使传统内容与当代受众产生连接。

2. 提升品质，赢得尊重

《黑神话：悟空》的高质量表现打破了海外玩家对中国游戏"低成本、低品质"的刻板印象，成功提升了"中国制造"的文化价值。这也提示谷子经济的参与者，只有用精益求精的态度打造每一款产品，才能在国际市场赢得长久的认可。

3. 找到全球共鸣点

《黑神话：悟空》通过孙悟空这个具备强烈符号性的角色实现了东西方文化的对话，其深层次的成功在于故事主题——冒险、自由与成长，能够打动不同文化背景的玩家。这说明了，若要进一步提升中国软实力，应从共通的情感与主题切入，在通过产品传递中国文化的同时实现国际化表达。

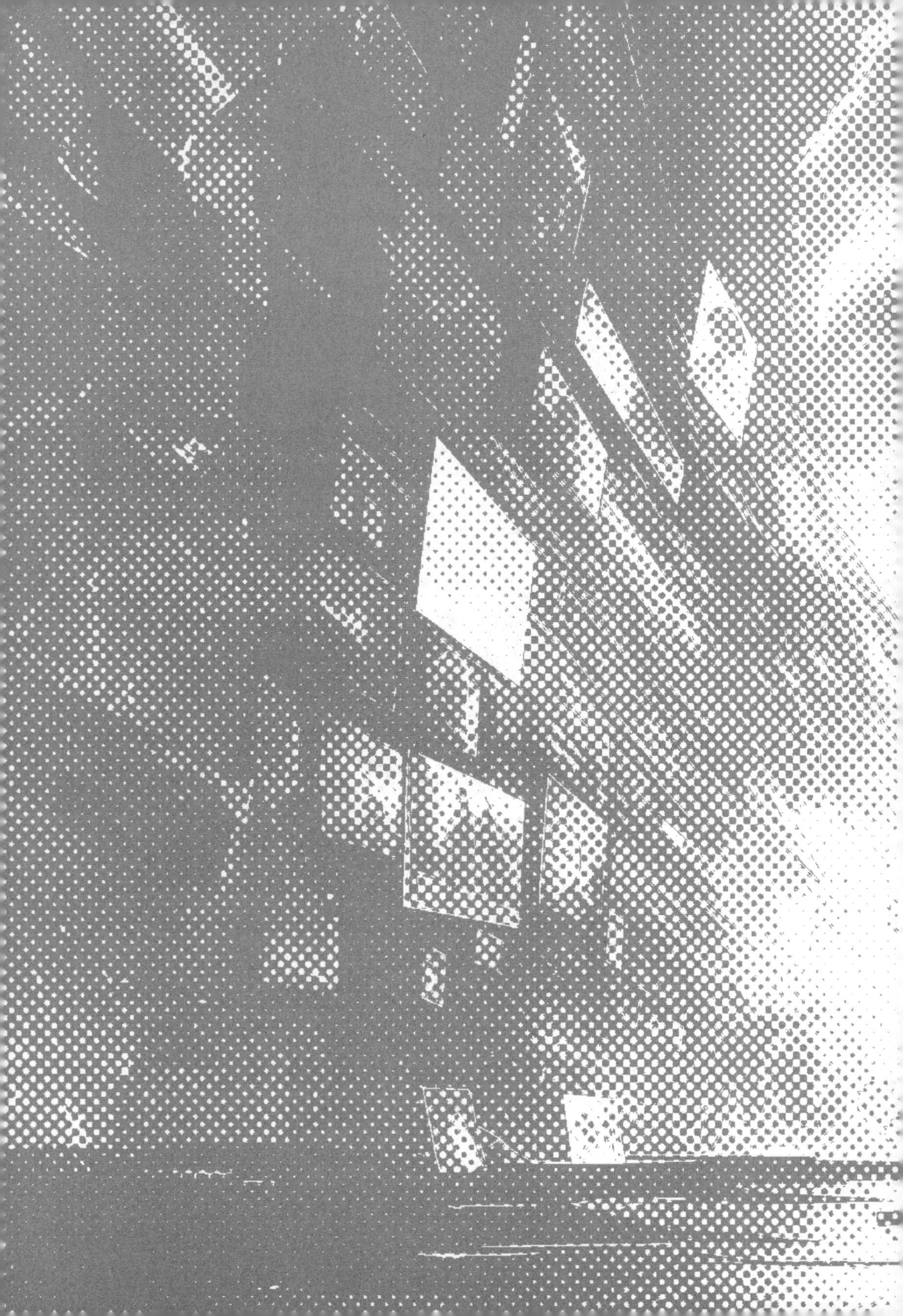

第七章 / Chapter 7

谷子经济的光明未来

未来属于那些善于发现新边界的文化形态,而谷子经济正以其开放性与包容性成为全球瞩目的焦点。从产业创新到文化输出,从年轻人的热爱到国际间的共鸣,谷子经济以多元的方式展示其独特的成长路径。它的未来,不仅属于产业内部,还属于更广阔的文化世界。

7.1 掌控未来消费趋势的Z世代

在当今快速发展的社会经济环境中，Z世代（Generation Z）作为新兴的消费主体，正以其独特的消费特点与行为模式，深刻影响着谷子经济的生态与发展。Z世代通常是指1995年至2010年间出生的一代人，他们在信息技术高度发达、全球化深入渗透的背景下成长，是典型的数字原住民。这一代人对数字技术的熟练掌握、多元文化的接纳及对个性化与社会责任感的重视，使得他们在消费行为上展现出与前辈截然不同的特征。

7.1.1 Z世代的基本特征

数字原住民与信息高度依赖

Z世代自幼便接触互联网、智能手机等数字工具，他们在信息获取、交流互动、娱乐消费等方面对数字工具展现出极高的依赖性与熟练度。这种数字化生活方式不仅改变了他们的日常习惯，也塑造了他们独特的消费行为模式。相比于千禧一代，Z世代更倾向于通过线上渠道获取信息、进行社交互动和完成购物，线上消费成为他们生活中不可或缺的一部分。

多元文化背景与全球视野

Z世代生活在一个全球化程度高的时代，他们对不同文化的接受度和包容性显著提升。这种多元文化背景不仅影响了他们的审美观念，也使得他们在消费选择上更加多元化和国际化。Z世代更愿意尝试来自不同国家和地区的产品，追求独特性与个性化，打破传统消费中的地域和文化限制。

强烈的个性表达与自我认同

Z世代高度重视个性表达与自我认同，他们通过消费行为来展示自我、体现价值观和生活态度。在谷子经济中，这种个性化需求尤为突出，消费者更倾向于选择能够反映自身兴趣、审美和理念的产品。个性化定制、限量版周边、独特设计等成为吸引Z世代的重要因素。

注重社会责任与可持续发展

Z世代对社会责任和可持续发展等问题表现出高度关注，他们更倾向于支持那些在环境保护、社会公益等方面有积极表现的品牌和产品。环保材质、可持续生产、企业社会责任等成为Z世代在消费选择中的重要考量因素。这种价值驱动的消费观念，使得谷子经济在产品设计和品牌建设上需要更加注重环保与社会责任，以满足Z世代的需求。

7.1.2　Z世代的消费行为模式

在线消费与移动购物的主导地位

Z世代习惯通过线上渠道进行购物，移动购物是他们的首选方式。智能手机的普及与移动支付的便捷性，使得他们能够随时随地完成购物行为。相比于传统的线下购物，线上购物不仅节省时间和精力，还提供了更多的产品选择和更灵活的价格比较方式。

在谷子经济中，Z世代更倾向于通过电商平台等获取周边。他们对线上购物的便捷性和多样性有着极高的认可度，这也促使相关企业不断优化线上销售渠道，提升消费者体验，以满足Z世代的需求。

社交媒体影响力与KOL效应

社交媒体在Z世代的生活中占据着重要地位，他们通过社交平台获取信息、分享生活、交流观点。关键意见领袖（Key Opinion Leader, KOL）在这一代人的消费决策中扮演着重要角色。Z世代更倾向于信任他们认可的KOL，而不是传统广告的宣传。

在谷子经济中，KOL的推荐对产品的销售具有很强的影响力。品牌方通过与知名KOL合作，进行产品推广和营销，不仅能够迅速提升产品的知名度和美誉度，还能直接带动销售增长。这种通过社交媒体和KOL进行营销的模式，已经成为谷子经济中不可或缺的一部分。

个性化与定制化需求

Z世代追求独特性和个性化，他们希望通过消费行为来表达自我和展示独特的品位。在标准化下大规模生产的产品难以满足他们的个性化需求，因此个性化定制成为吸引Z世代的重要手段。通过提供定制选项、限量版产品、独特设计等，品牌能够更好地满足Z世代的个性化需求，增强品牌的吸引力和用户忠诚度。

在谷子经济中，定制化周边的需求尤为突出。无论个性化手办、定制T恤，还是限量版插画，都能够吸引Z世代的关注。这种个性化与定制化的趋势，促使品牌不断优化产品设计，提供更多元化的选择，以满足不同消费者的需求。

体验式消费与沉浸式互动

Z世代不仅追求产品本身的功能与美观，更注重消费过程中的体验与互动。他们希望通过消费行为获得愉悦的体验，与品牌建立情感连接。这种体验式消费的需求，促使品牌在产品设计和营销策略上更加注重互动性和沉浸感。

在谷子经济中，体验式消费的体现尤为明显。例如，VR与AR的应用，使得消费者能够更深入地了解品牌和产品。此外，沉浸式的品牌活动、粉丝见面会、互动展览等，也为Z世代提供了丰富的体验与互动机会，增强了品牌的吸引力和粉丝的忠诚度。

7.2 新技术对谷子经济的影响

当技术与文化交汇时，奇迹便随之而生。谷子经济正在迎来由新技术驱动的转型，从创意的智能生成到消费体验的沉浸提升，这场变革不仅是产业的升级，更是一场全方位的进化。让我们一同探讨技术如何为谷子经济打开通往未来的大门。

7.2.1 技术浪潮下的产业再造：背景与趋势

在过去数十年中，人类社会经历了多次技术革命，从互联网到智能手机的普及再到AI、VR、AR与区块链的崛起，这些变革深刻影响了各行各业的生产与消费方式。对于谷子经济这一植根于二次元文化、围绕IP与周边运转的产业而言，新技术的渗入与融合不仅是锦上添花，更可能是重塑产业生态、引领新增长曲线的关键变量。

传统的谷子经济模式基于IP授权、周边设计与制造、线上线下销售和粉丝口碑传播。然而，在信息爆炸与数字化融合的时代，粉丝通过短视频平台、UGC创作展现出了前所未有的参与热情与创造潜力，新技术正从多个维度介入：生产工具的智能化、销售渠道的数字化与全球化、产品形态的虚拟延展与互动升级,都使谷子经济迈入一个前所未有的变革期。

品牌需要理解这些新技术是如何影响产业链的不同环节的,并探讨它们如何改变消费者体验与品牌策略。品牌只有在充分认知的基础上,才能根据趋势调整布局,建立新的竞争优势。

7.2.2 智能设计与生产工具:从手工微调到AI辅助创意

在谷子经济的上游环节,创意设计与产品开发一直是品牌核心竞争力所在。过往周边的设计主要依赖于设计师的经验、美学训练与市场嗅觉,需要反复试错,并且打样耗时耗力。如今,通过AI与机器学习,设计师可以快速获得趋势参考、自动生成初稿,甚至通过生成式AI工具,在几秒钟内得到多样化的角色构图建议。

比如,AI可根据已有角色形象与历史销量数据,预测何种风格的变体周边更易受欢迎。设计师只需在海量AI生成草图中挑选或进行微调,这大幅度提高了创作效率。3D打印技术的应用进一步压缩了从设计原型到实体样品的时间,让小批量定制成为现实。过去需要数周乃至数月的打样周期,或许能缩短至几天,品牌可以更快地响应市场热点与粉丝呼声。

同时,智能生产工具还赋予了周边更丰富的功能——可变光的手办底座、可发声挂件、内置传感器的玩具能让粉丝获得更沉浸式的互动体验。而这种互动体验背后往往是硬件传感器与AI的协同,使产品不再仅是被动展示品,而是成为能与粉丝对话的"活物"。

7.2.3 VR与AR:从静态展示到沉浸式体验

VR与AR的兴起为谷子经济带来了维度拓展的可能。粉丝不再满足于单纯购买商品,而是希望进入IP的世界,与角色"同在",VR/AR

便可以赋予他们这种深度体验。

通过AR，粉丝可用手机扫描手办包装上的二维码，让角色"跳"出二维空间来到现实世界，在桌面上进行虚拟表演；利用VR头显，粉丝可进入角色的房间、游历故事中的场景，与场景中的物品互动。这不仅延长了产品的生命周期，也提高了粉丝对IP的投入度与品牌忠诚度。

长远看来，VR/AR还能辅助线下渠道转型：实体店可打造沉浸式主题空间，粉丝戴上头显进入虚拟剧情，能与周边产生更强关联。当实体销售不再只是被动陈列，而是融合故事线的互动场域，自然会促使购买决策变得更为顺畅。

7.2.4 区块链与数字藏品：从物理周边到NFT

区块链的出现，使得NFT在艺术品、潮玩领域风生水起。在谷子经济中，IP形象本就灵活多变、数字化属性强，因而NFT作为周边形态的补充具有巨大潜力。NFT突破了生产成本与物流的限制，为粉丝提供了另一种收藏模式，也让品牌可通过限量数字版的发售实现特殊圈层经营与粉丝黏性提升。

借由NFT，品牌可将一个角色的特殊纪念场景或独家插画打包成数字资产，以保证其稀缺性与唯一性。在这种交易方式下，周边不仅可在全球无障碍流通，还可在二级市场中不断涨价，让早期拥有者获得回报，从而激发粉丝的投资与收藏热情。当然，NFT的兴起也要求品牌严肃思考版权与价值定位：若NFT泛滥或发行不当，恐造成粉丝信任度下降。

7.2.5 AI智能客服与社群运营

在粉丝运营与社群管理层面，智能客服、自动回复机器人、智能推荐系统都可简化品牌与消费者间的互动流程。面对数十万甚至上百万粉丝，品牌不可能手动回复所有信息，但借助AI可实现7×24小时在线支持，对粉丝的反馈进行情感分析，快速识别其问题与需求。

智能推荐算法可根据粉丝购买记录、互动痕迹推送定制化产品，满足个性化需求。粉丝感受到被重视与理解，有利于提升对品牌的好感度。这种精确运营降低了营销成本，提高了粉丝留存率，也让品牌在激烈竞争中建立差异化优势。

7.2.6　产业链协同与供应链智慧化改造

在产业链与供应链层面，大数据与物联网（IoT）能实时监测原材料库存、生产进度、物流环节，实现精益生产与动态分配。消费数据从终端零售渠道实时反馈至后台，生产计划可快速调整，减少库存积压与产品滞销的风险。

如此一来，品牌可更加精确地规划新品上架时间与数量，确保在粉丝热度最高点推出相应周边。供应链智慧化还可降低制造成本，缩短交货时间，提高品牌的市场反应速度，让其在短暂的窗口期内充分获利。

7.2.7　全球协同与远程合作模式

新技术的普及，特别是协同办公软件、云平台和实时翻译工具，使跨国团队高效协作。从产品创意、打样、营销策划到售后服务，各环节可在全球范围内实现最佳配置。品牌在中国设计原稿，委托日本工厂进行细致打样，美国团队负责品牌推广，欧洲团队开展艺术联名洽谈……地理边界不再是限制。

跨国协同让品牌汇集多元审美与创意，减少了进入国际市场的试错成本，也使谷子经济真正成为全球共创的文化产业，为粉丝带来跨文化融合的产品体验。

7.2.8 面向未来的探索与持续迭代

总之，新技术以多种方式影响谷子经济。

其中，AI 辅助创意与智能制造，提升了效率与增强了创意爆发力；VR、AR、NFT 拓展了产品形态与收藏方式，增强了用户沉浸感与资产属性；智能营销与精细化社群运营，改善了粉丝体验，增强了其对品牌的忠诚度；供应链智慧化、全球协同则使品牌具备更大灵活度与更强国际竞争力。

未来，随着元宇宙概念的兴起，谷子或许不再局限于物理和二维数字形态，而能在虚拟宇宙中形成独特的生态系统，粉丝可在虚拟空间中与角色共建世界、联合创作乃至进行虚拟贸易。这不仅是技术革新的延续，也是谷子经济与二次元文化深度融合下新纪元的开端。

7.3 谷子经济中的公益与教育实践

谷子经济作为一种新兴的文化经济形态，不仅在商业领域发挥着重要作用，也在社会公益与教育传播中展现了巨大的潜力。从环境保护到教育创新，谷子经济通过其特有的文化符号和情感连接，影响着粉丝社群和社会的各个层面。在公益与教育的结合中，谷子经济不仅成为一种传播载体，也在创造社会价值方面发挥了不容忽视的作用。

7.3.1 谷子经济与社会公益的结合

谷子经济作为一种文化经济现象，以其丰富的内容形式和深厚的情感连接，不断与社会公益结合，形成了一种兼具传播效能和实际价值的创新公益形式。动漫、游戏、虚拟偶像等文化符号具有极高的可识别性和感染力,当它们与公益活动联动时,可以打破传统公益的局限性,以更生动的形式深入人心。谷子经济中的公益实践不仅增强了品牌影响力,还为社会注入了更多正能量,赋予了文化消费更深层次的意义。

谷子经济在公益中的文化载体作用

谷子经济的成功离不开其强大的文化传播力,这种传播力正是公益活动中的一大助力。当谷子经济的文化符号,如经典角色、虚拟偶像和游戏世界被引入公益项目时,它们能够以直观、轻松的方式接触广泛的目标群体,特别是年轻人。其传播力不仅体现在视觉吸引力上,更在于能够引发受众的情感共鸣。

1. 角色赋予公益形象更强的亲和力

一个成功的动漫角色或虚拟偶像,往往拥有深厚的粉丝基础和极高的情感黏性。当这些角色成为公益活动的代言人时,其固有的亲和力可以迅速拉近公益活动与目标人群之间的距离。例如,一些环保主题的公益活动,通过将角色形象设计为"环保卫士""自然守护者",将环境保护的理念融入角色的日常行为中,使得环保理念更加具体且易于接受。

这种情感驱动的传播模式,能够打破传统公益的单向性。例如,某款以森林保护为主题的手游,将部分收益捐赠给环保组织,同时通过游戏中的剧情宣传了植树造林的重要性。在这样的活动中,玩家不仅是在消费文化产品,更是在以自己的方式为公益活动贡献力量。

2. 文化产品与公益周边的结合

谷子经济中的公益活动还常常以周边为载体,将公益与消费行为结合。通过售卖带有角色主题的公益限量版周边,品牌不仅能够吸引粉丝购买,还能将销售额的一部分捐赠给公益项目。一些动画公司推出"保护濒危动物"系列周边,以虚拟角色陪伴濒危动物的形象设计为亮点,引发粉丝对自然生态保护的关注。粉丝在购买这些商品时，既能获得支持角色的满足感，又能为公益事业贡献力量。

不仅如此，这些周边的附加价值还能进一步增强公益活动的影响力。粉丝通过在社交媒体分享购买体验或展示限量周边，可以形成二次传播的效果，让公益活动获得更广泛的关注。

3. 公益活动中的叙事性与沉浸感

谷子经济的内容形式，尤其是动漫和游戏，具有强大的叙事能力。通过将公益主题嵌入故事情节，能够赋予公益活动更多的情感张力。例如，一部以环境保护为主题的动画短片，可以通过角色在森林中的探险故事，展现环境被破坏的后果与保护环境的重要性。这种叙事性公益形式能够引发观众的情感共鸣，使公益理念更易内化为个人行为。

粉丝社群在公益中的驱动力

谷子经济的一大优势在于其高度活跃的粉丝。这些粉丝不仅是文化产品的主要消费者，也是公益活动的重要参与者和推动者。基于他们的热情和行动力，谷子经济的公益实践可以产生更深远的社会影响。

1. 粉丝驱动的公益众筹

粉丝的自发公益行为已经成为谷子经济公益实践中不可忽视的力量。以角色生日或重要纪念日为契机，粉丝常常会发起公益众筹活动。例如，在某动漫角色的生日期间，粉丝开展了"角色爱心植树计划"，通过线上众筹募集资金，成功在一个退化的湿地种植了千余棵树木。这一活动不仅表达了粉丝对角色的喜爱，也为环境保护贡献了力量。

粉丝驱动的公益活动往往具有更强的参与感。与单纯捐赠不同，粉丝能够通过互动平台实时了解筹款进展和项目实施情况，从而感受到自己行为所产生的实际价值。此外，众筹活动的成功也进一步增强了粉丝与角色之间的情感联系。

2.社群公益活动的多样化形式

粉丝社群的组织能力和创造力，使得公益活动的形式更加丰富多样。一些粉丝会在线上发起主题挑战，通过角色模仿秀、创意绘画等形式宣传公益理念。还有一些团体通过线下活动，比如举办角色主题跑步活动，将公益与健康生活方式结合，吸引了大量粉丝及普通公众参与。

这种活动形式不再局限于环境保护，而是扩展到更多社会议题。有的粉丝通过角色故事宣传心理健康的重要性，呼吁人们关注青少年心理问题。这些活动在年轻人中获得了高度关注，使得谷子经济的公益实践展现出更多的可能。

谷子经济与多领域公益合作的模式

谷子经济的公益实践正在不断拓展边界。它不仅在环境保护领域发挥作用，还在积极融入教育、心理健康等多个领域。通过与不同机构合作，谷子经济在社会公益的深度和广度上均得到了显著提升。

1.教育公益中的角色应用

谷子经济中的角色形象，凭借其高度的亲和力和文化传播力，成为教育公益中的理想载体。比如在一些乡村学校的课程中，虚拟角色被设计为助教，通过互动动画和趣味性内容，帮助学生学习语言、科学知识、社会技能。这种方式不仅降低了学生的学习门槛，还提高了他们的学习兴趣。

2.心理健康公益的角色赋能

虚拟角色在心理健康宣传中的应用越来越广泛。一些游戏角色以其温暖、治愈的形象，成为心理健康宣传的媒介。通过设计角色经历困境并逐步成长的故事情节，可以向青少年传递积极应对生活挑战的正能量。这种形式特别适合容易受情绪影响的青少年，帮助他们在娱乐中获得心理支持。

3. 社会公平领域的公益实践

谷子经济在社会公平领域开展了多种公益合作。比如一些虚拟偶像和动漫角色参与到性别平等的宣传中,通过主题故事和角色对话,强调女性教育、职场平等的重要性。这种方式不仅推动了社会观念的传播,也让年轻人对这些议题产生更深的认知。

4. 与公益机构的深度合作

谷子经济在公益领域的成功实践,离不开与专业公益机构的合作。例如,与公益机构联合设计动漫主题病房,利用角色的阳光形象缓解患者的焦虑情绪。此类合作模式为谷子经济开辟了更多参与公益活动的可能性,也拓宽了其社会价值的边界。

谷子经济通过文化载体作用、粉丝社群和多领域合作模式,在公益领域展现出巨大潜力。它不仅为品牌履行社会责任提供了新路径,也让粉丝在娱乐的同时,感受到自身的社会价值。这种良性互动,为谷子经济的可持续发展奠定了深厚的社会基础。

7.3.2 谷子经济与教育的深度融合

在教育领域,谷子经济通过其独特的文化内容为知识传播、技能培训及个人成长提供了新的载体。动漫和游戏,以其鲜明的视觉效果和深厚的情感连接,天然地成为教育工具。通过寓教于乐的方式,谷子经济不仅改变了传统的教育模式,还让学习变得更加有趣,激发了学生主动学习的兴趣。通过这种方式,学生不仅是被动接收信息的容器,而是成为学习过程中的参与者和创造者。

动漫与游戏在教育中的潜力

动漫和游戏作为谷子经济的重要载体,具备极大的教育潜力。它们凭借生动的情节、互动性强的设计及鲜明的视觉呈现，有效激发学生的学习兴趣，帮助他们以更自然、更有趣的方式掌握知识。

1. 科学启蒙与知识的趣味化传播

在科学教育中，与动漫和游戏进行结合，可以让复杂的科学原理变得易懂。以"宇宙探索"为主题的动漫或游戏，能够将天文学、物理学等知识融入冒险故事中，帮助学生理解宇宙的浩瀚和天体的运动规律。通过进行探索，学生不仅能了解科学原理，还能在情节的推进中获得启发。

比如，《无人深空》是一款以探索宇宙为主题的高自由度冒险游戏。在这款游戏中，玩家扮演一名宇宙探险者，可以驾驶飞船穿梭于不同星系，探索未知行星，收集资源，并与外星生命互动。游戏中不仅融入了大量天文学元素，如星球生态系统的生成、天体物理学的模型，还通过逼真的宇宙画面和动态的星系变化，让玩家直观地感受到宇宙的浩瀚与科学的魅力。这种沉浸式体验，不仅能够激发学生对天文学的兴趣，还能帮助他们理解宇宙运行的基本规律。

2. 历史文化传播与情境式学习

历史文化传播同样是动漫和游戏的一个重要应用领域。通过还原历史事件或再现文化遗产，动漫和游戏能帮助学生直观了解过去的世界。动漫可以通过鲜活的角色形象和详细的历史背景，向学生展示生动的历史画面，同时使学习内容更加有趣。

比如，《大鱼海棠》是一部充满中国传统文化元素的动画电影，讲述了一个基于中国神话的故事，涉及自然与人类之间的关系等。影片中的世界观与视觉风格深受中国古代文化的影响，展示了中国文化的传统美学和哲理。它通过富有哲理的故事和视觉美感，为观众提供了一个探索中国古代神话与文化的场景。

3. 技能培训与互动学习的设计

一些模拟类游戏通过任务设计和情节推进，培养玩家的策略能力、团队协作和逻辑思维能力。这些技能同样适用于青少年教育场景。例如，《文明Ⅵ》是一款策略类游戏，玩家需要在游戏中建立自己的帝国，从资源管理到外交战略，每一个决策都要求玩家具备较强的逻辑思维和规划能力。通过模拟历史进程，玩家不仅可以学习历史知识，还能锻炼自己的团队协作和决策能力。

动漫和游戏在教育领域的应用，不仅让学生更容易接受知识，还能够激发他们自主学习的意愿。这种主动性的激发，是传统课堂教学难以实现的。

寓教于乐模式的实际运用

谷子经济的核心优势之一是，能够将知识与娱乐巧妙结合，让学习过程更加轻松有趣。通过设计有趣的情节、互动性强的任务，使得知识的学习不再是枯燥记忆，而是变成充满吸引力的过程。

1. 多学科知识的融入

在设计一部教育动漫或游戏时，可以将多个学科的知识有机结合。这种跨学科融合不仅能够让学生全面发展，还能帮助他们在不知不觉中掌握更多的知识点。例如，《神奇校车》是经典的教育动画系列，通过虚拟旅行的方式让孩子在探索自然世界的同时，学习科学、生态等方面的知识。每一集都有不同的教育主题，涵盖了从地球的地理构造到植物生长过程等多学科知识。通过这些有趣的故事情节，学生可以在轻松愉快的氛围中吸收丰富的知识。

2. 互动机制的设计与教育场景的融合

互动学习是寓教于乐模式中的关键一环。通过增加互动内容，让学生在学习时扮演某种角色，或者参与知识的构建，可以显著增强学生的参与感和成就感。

对于青少年而言，教育内容的互动性尤为重要。在这一点上，"Kahoot！"这个游戏化学习平台做得非常成功。它通过设计快速反应的问答游戏，激发学生对学习的兴趣，同时加强他们对知识点的记忆。这种互动工具不仅适用于传统课堂，也可以用于家庭学习，帮助学生在娱乐中实现学习目标。

3. 个性化学习与游戏化评估

个性化学习是寓教于乐模式的又一亮点。每个学生的学习节奏和方式都有所不同，对此教育类游戏可以根据学生的学习进度和兴趣进行调整，为其提供定制化的学习方案。比如，Mathletics这款数学学习应用根据学生的能力设计不同难度的数学任务，帮助学生在适合自己的节奏下逐步提高数学成绩。并且，游戏化评估的加入，也大大增强了学生的学习动力。通过积分、成就和排名等方式，学生能够看到自己在学习过程中的进步，激发他们挑战更高目标的欲望。这种方式极大地提升了学生的学习兴趣，同时也让他们在愉快的氛围中感受到学习的乐趣。

这种寓教于乐的方式，特别适合青少年，因为这种方式能够在不破坏学习体验的情况下，激发他们的兴趣，同时加强知识的吸收与记忆。

教育类文化产品的设计与运营

谷子经济与教育的结合，不仅仅是一种内容形式的创新，还涉及系统性设计与运营。为了让文化产品能够真正适配教育场景，还需要在多个环节进行深度规划。

1. 角色设计的教育属性

教育类文化产品的角色设计需要具备一定的教育属性。通过赋予角色某种专业背景或技能，可以使角色成为知识传播的代言人。比如，哆啦A梦这一角色不仅仅是孩子们的朋友，动画中很多情节还涉及科普知识，如物理学、数学等方面的内容。通过角色的语言和行为传递知识，能让学生对知识的印象更深刻，从而增强对知识的记忆效果。

2.课程适配与内容同步

教育类文化产品的开发需要将内容与课程大纲和教学目标紧密结合。以历史、数学、自然科学为主题的教育动漫和游戏，都可以根据学科要求和教学进度进行内容设计。例如，《数字积木》是一部广受欢迎的教育动画片，通过将数学知识与生动有趣的故事结合，帮助学生理解数字与运算的基本概念。每一集内容都与数学教学大纲紧密结合，从简单的加减法到进阶的分数与乘法，逐步引导学生掌握数学原理。

3.教学资源的延伸与拓展

除了文化产品本身，还可以开发配套的教学资源，以增强文化产品在教育中的实际效用。比如开发角色主题的练习册、知识拓展小程序等，为学生提供更多的学习资源。通过这些资源，教育类文化产品不仅能成为学生的娱乐伴侣，还可以作为有效的学习工具，帮助学生在课外巩固所学知识。

教育类文化产品的设计与运营，是一个长期的过程。只有在内容、形式和运营模式上不断更新，才能够真正实现谷子经济和教育领域的深度融合。

7.4 二次元文化将走向何方

在讨论谷子经济的光明未来时，二次元文化作为其底层支撑力量，其发展方向同样不可忽视。二次元文化最初依托动画、漫画及游戏的蓬勃发展而诞生，随着互联网时代的发展迅速传播，成为全球青年亚文化的代表符号。如今，随着信息流动加速与全球文化交融，二次元文化正进入多元价值、美学与社会议题互相交织的新时代。

7.4.1 全球多元价值观的包容与调适

早期的二次元文化往往以特定地域的社会背景和价值倾向为基础，如日本动画深受日本社会价值与审美传统影响。然而，随着国际传播，二次元作品与角色形象已不仅服务于单一文化圈，国际粉丝群构成多元族群、不同审美与社会价值的集合体。

未来，二次元文化可能更加包容与多元。角色设定中对性别、种族、身份的刻画更加多面化，而非固化刻板印象；故事情节中对社会正义、环境保护、代际传承、精神疾病等深层议题的探讨亦可能增多。作品创作者在面对国际粉丝时，将更加谨慎地处理敏感话题，在坚持原创风格的同时尊重粉丝，并带来平等的审美体验。

这种多元价值的融合不仅能拓宽二次元叙事维度，更能在国际市场中赢得广泛认同。这意味着二次元文化不再局限于封闭的小圈子，而是能通过作品的情感与观念构建跨文化理解与对话的桥梁。

7.4.2 数字原住民时代的媒介创新

伴随Z世代与Alpha世代（指2010年以后出生的群体）逐渐成为消费主力，这些数字原住民对虚拟与现实的边界定义、媒介形式的期待、互动体验的需求都深刻影响着二次元文化的走向。未来，动画、漫画和游戏将不仅呈现在平面或线性叙事中，更可能利用交互式故事、全息影像、动态剧情分支，让粉丝成为参与者与共创者。

虚拟主播在直播平台上的崛起已初露端倪，其以二次元形象、即时互动、剧情推进为一体的模式，为未来发展提供了范例。二次元角色不再仅在作品中演绎故事,也可通过直播、社交平台动态展示人格特质,与粉丝实时交流。这种媒介创新意味着二次元文化可能朝着"角色即服务"(Character as a Service)的方向发展,人们不单是消费内容,更与角色建立持续关系。

同时,AI剧情生成器、语音合成、面部捕捉技术为创作者与粉丝提供"零门槛"创造新剧情与角色的机会。二次元文化将更加草根化,粉丝可通过工具加入创作链条,形成真正的文化共创生态。

7.4.3 与现实社会议题的碰撞与融合

二次元文化并非与现实完全脱节。未来的二次元作品可能会更主动回应社会热点,如环境危机、科技伦理、贫富差距、代际冲突等。这些主题在过去的二次元内容中或许只作为背景存在,但随着粉丝社会意识提升、社会责任感凸显,创作者将尝试在幻想世界中探讨现实难题,以全新方式引发观众思考。

这种与现实议题的融合有助于提高二次元文化的思想深度与社会价值,使其不仅是一种娱乐形式,也能成为引发社会对话与公共参与的媒介。当粉丝因角色与剧情思考真实世界的矛盾时,二次元文化的影响力便已超出亚文化圈层,延伸至更广的人文范畴。

7.4.4 主流审美对话与"出圈"路径

曾经,二次元文化被视为小众文化,但在全球范围内,这一标签正逐渐淡化。越来越多的主流媒体、时尚品牌、艺术展览主动与二次元元素联动。未来的二次元文化不再与主流审美对立,而是彼此对话、交融——传统艺术馆可能举办二次元主题特展,奢侈品牌设计以二次元角色为灵感进行高级定制,并与经典IP联名。

这种"出圈"路径意味着二次元文化将不再被束缚于"御宅族"标签，而是被广泛接受。伴随审美门槛降低与故事成熟度提升，更多对二次元文化陌生的人也会逐渐接受这种叙事风格。当二次元文化真正进入主流话语体系时，它对国际文化格局的影响力也将增强。

7.4.5 元宇宙时代的虚实融合

展望更远的未来，当元宇宙这一概念逐渐落地时，二次元文化将成为元宇宙中的重要内容。元宇宙强调虚拟与现实的无缝融合、持续在线世界的构建。在这样的环境中，二次元角色与场景不仅存在于动画或游戏中，而会成为元宇宙中活跃的"居民"、可互动的"资产"。

粉丝可在元宇宙中拜访角色家园、观看虚拟演唱会、参与剧情任务、购买数字服装，以全新的方式体验二次元文化。这种深度参与让粉丝真正成为内容生态的一部分，而不再是外部观赏者。当元宇宙中的二次元文化与现实消费、社交、工作情境相勾连时，其对人精神世界与文化习惯的塑造将更为深刻。

7.4.6 持续进化的文化生态与责任感

二次元文化进入持续进化的生态阶段：内容创造、传播和消费均高度互动化、个性化、全球化。面对这种复杂的格局，创作者与产业参与者需承担更大责任：在表达上尊重不同人群，在产品中避免不当内容，在商业策略上不剥削粉丝热情。

这种责任感的形成有助于二次元文化长期健康发展，赢得国际尊重、稳固地位。当粉丝意识到这一文化对其精神生活的重要性时，他们对创作者与品牌的期待也会随之提高。二次元文化的未来，不仅是对商业逻辑的优化，更是对价值选择、社会责任与文化愿景的持续探讨。

7.5 谷子经济的未来困境与突破口

经过前面的讨论，我们对谷子经济的全球化进程、新技术赋能与二次元文化的未来走向有了广泛认识。然而，即便前景看起来是光明的，但产业内部仍然面临困境。只有正视潜在困境并找到相应突破口，谷子经济才能在下一阶段更为稳健与可持续地发展。接下来，我们将从产业同质化、粉丝心理演变、商业模式等方面切入，对未来的困境进行剖析，并寻求应对良策。

7.5.1 产业同质化与审美疲劳的隐患

IP泛滥与角色同质化问题

二次元文化风靡全球，各类IP如雨后春笋般涌现，周边市场变得异常热闹。然而，许多品牌为了快速抢占市场，选择走"捷径"，推出风格雷同的徽章、服饰等产品。利用这种模式，固然能在短期内填满货架，却不可避免地引发了审美疲劳。消费者面对一堆相似的产品，逐渐失去兴趣，甚至难以分清品牌之间的区别。

更糟糕的是，IP的泛滥不仅削弱了产品质量，还让市场陷入价格战。最终，既没了创新力，也丢了吸引力，整个行业陷入内耗，难以保持长久的生命力。

那么，解决之道到底是什么呢？主要有两个。

1. 内容深挖与角色塑造

回归IP的核心，通过丰富的故事背景和独特的角色设定，为产品注入更多活力。让消费者不仅记住角色的外形，还能被角色的个性与故事打动。

2. 尝试跨界与艺术联名

邀请艺术家或设计师为IP提供独特的创意视角，通过创新设计提升产品的视觉效果和收藏价值，摆脱同质化的束缚。

行业标准缺失与品质参差不齐

在全球范围内，二次元周边行业缺乏统一的质量标准。消费者在选购时常常感到无从下手，既不知道该如何评估质量，也不知道产品是否真的物有所值。这种局面不仅让消费者信心不足，还为劣质产品提供了生存空间，进而影响了整个市场的信誉。

如果这种状况持续下去，不仅会让品牌的口碑受到影响，甚至可能拖累整个行业的发展。

解决之道有两个。一是制定行业标准：行业协会和从业者应联合制定覆盖产品质量、版权合规及环保责任的行业标准，并推动其国际化。这不仅能帮助消费者做出更放心的选择，也有助于行业树立公信力。二是构建透明的溯源体系：运用区块链和数字水印技术，让消费者能够清晰地追溯产品的生产来源和品质认证，提供更可靠的消费保障。

通过在创新和规范方面双管齐下，二次元产业可以走出"审美疲劳"和"品质迷茫"的阴影，不断为消费者提供有吸引力、可信赖的产品。只有如此，这个产业才能真正从一时的热潮转变为长期的文化现象与经济力量。

7.5.2 粉丝心理演变与忠诚度流失隐忧

粉丝预期不断提升的挑战

随着市场中优秀IP和高品质周边数量的增加，粉丝的期待值也在快速攀升。他们不再满足于设计平庸或千篇一律的产品，而是渴望在内容、玩法和质量上看到创新。品牌若无法紧跟这些需求变化，一味依赖大批量、低成本的生产模式，很可能导致粉丝对其失去兴趣。长此以往，即便是知名IP也可能被贴上"江郎才尽"的标签。

为此，品牌应努力寻求解决之道。

1.深度互动与共创关系

与其单向输出，不如让粉丝深度参与到IP的塑造过程中，从而增强互动感。具体做法如下。

角色设定投票：邀请粉丝为新角色提供创意，或者通过投票，选择角色的性格、外形甚至故事走向，让他们感觉自己是品牌的一员。

剧情讨论与粉丝设计大赛：举办活动，让粉丝提交自己的设计作品，延伸创意，优秀作品可以转化为正式的IP内容或周边商品。

幕后透明化：通过直播或纪录片的形式，分享IP制作的幕后故事，让粉丝更了解创作过程。

这些方法不仅能够强化粉丝对IP的归属感，也能让他们在参与中投入更多情感，从而更加忠实于品牌。

2.会员体系与个性化定制

为粉丝建立分层次的会员体系，提供更具吸引力的权益，增强他们对品牌的归属感与黏性。做法有如下几个。

会员专属特典：推出仅限会员购买或获取的独家周边，强化稀缺价值。

个性化定制：提供定制化服务，比如在手办底座上刻上粉丝名字，或者根据粉丝意愿调整服饰和配色。

提前预购与独家内容：会员可以优先购买新产品、参加限定活动或观看未公开内容，让忠实粉丝感受到品牌的重视与回馈。

情感价值与物质成本的平衡

二次元周边不仅是一件消费品,更是粉丝与IP之间情感联系的载体。然而,当品牌频繁推出价格高昂的限量版产品或大幅涨价时,粉丝可能感到情感被商业化利用,甚至产生"被剥削"的心理。尤其是年轻消费者,这部分核心受众若因经济压力而流失,将直接影响品牌的长期口碑和粉丝基础。

解决之道有以下两个。

1. 持续丰富产品线

针对不同层次的粉丝需求,不断设计开发更为多元的产品线。

基础款:推出设计简约且质量过硬的周边,如日常文具、小摆件等,保持价格亲民,覆盖大众群体。

中档款:在设计和材质上有所提升,但仍维持合理的价格,满足对品质有追求但预算有限的粉丝需求。

高端收藏款:限量打造高品质、艺术性强的收藏品,满足高消费能力粉丝的需求,并为品牌增加溢价空间。

这种分层策略不仅能维持粉丝数量,还能提高不同层级产品的市场覆盖率,确保每位粉丝都能找到适合自己的消费选择。

2. 谨慎调价与限量

对于限量版产品,品牌需避免定价过高或频繁推出高价产品。

合理定价:限量版产品的价格应与其实际价值相匹配,仅在有较高艺术性或工艺难度时增加溢价,确保粉丝买得起、愿意买。

明确限量的意义:限量版产品应当有清晰的设计意义,而不是单纯为了制造稀缺感。

稀缺与普及的平衡:以"稀缺+普及"的组合方式发布产品,例如,一款限量版高端手办配套推出平价的同主题周边,满足不同群体的需求。

通过深度互动和多层次产品策略，品牌不仅可以重新激发粉丝对IP的热情，还能避免因定价或同质化问题引发反感。在当下竞争激烈的二次元市场中，情感连接与合理消费体验的双重保障，将成为品牌维持粉丝忠诚度的关键。

7.5.3 法律与监管复杂性

跨国版权与知识产权纠纷

在二次元文化全球化的背景下，IP出海已成为许多品牌拓展市场的关键路径。然而，国际化的步伐常伴随着复杂的法律问题，尤其是在版权法规不一致、执法力度参差不齐的国家。某些国家对知识产权的保护相对宽松，使得本土IP在海外面临侵权时难以追责。此外，不同国家的法律和行政规定差异也可能增加合规成本，让企业陷入无休止的法律纠纷中。为此，企业应该采取以下两个有效的应对措施。

1. 国际法律团队与本地代理

为了确保运营顺利，品牌方需要在跨国运营中建立强有力的法律支持体系。一是选择熟悉目标市场法律的国际律师事务所，确保授权协议和合同条款覆盖可能存在的法律风险；二是与本地版权代理机构合作，通过本地合作伙伴监测市场侵权行为，及时处理潜在纠纷，避免事态扩大。

2. 推动国际行业标准与版权联盟

品牌方可以联合相关行业机构，推动建立跨国版权保护联盟。包括建立行业自律与调解机制，通过版权联盟加快调解流程，减少维权成本。此外，还应共享侵权监测资源，建立全球范围内的版权保护数据库，共享案例与法律信息，提高行业整体的反侵权能力。

政策变化与文化审查风险

走向国际市场的不确定性，不仅源于法律层面，还来自政策层面。部分国家对外来文化产品设有严格的内容审查机制，任何涉及敏感议题的 IP 都可能引发争议，甚至直接导致产品被禁止上市。与此同时，各国政策的动态变化也为品牌的长期布局增加了不确定性。要解决这个问题，应做到以下几点。

1. 多样化市场布局与建立合规团队

依赖单一市场会增加政策变化的风险，因此品牌需要分散市场布局，同时建立内部合规机制。为了分散风险，品牌可同时开发多个目标市场，减少对某一市场的过度依赖，以多样化的布局弥补潜在政策变化带来的损失。此外，还应进行政策研究与动态监测，设立专门的研究小组，实时跟踪目标市场的监管变化，形成灵活的市场准入预案。

2. 灵活版本与素材调配

为应对不同文化背景与政策要求，品牌需要在内容设计上保持适度的灵活性。包括采取中性化设计，制作经过调整的版本，比如在语言、角色设定、标志符号等方面减少争议。同时，针对不同市场调整营销和宣传策略，例如，将与目标市场文化更契合的元素作为宣传重点，以减少文化冲突。

通过系统性应对跨国法律和文化审查问题，品牌可以更高效地扫除国际化过程中可能出现的障碍。借助完善的法律支持和灵活的市场策略，不仅能够降低风险，也可以为 IP 拓展赢得更大空间，实现品牌在全球范围内的可持续发展。

7.5.4 商业模式与增值路径创新

单纯周边销售模式遭遇增长天花板

依赖传统周边销售的商业模式正在逐渐失去吸引力。随着粉丝对简单的购买体验逐渐感到乏味,仅仅通过增加产品种类或提高价格已经无法带动持续增长。品牌需要在单一交易模式之外,找到新的路径来强化与粉丝的连接。

1. 服务化转型与体验经济

品牌应将与粉丝的关系从单次购买延伸到长期陪伴,通过创新服务模式加深互动。

会员订阅制:为粉丝提供独家内容和增值服务,例如,角色独家故事、限量版赠品,以及提前购买新产品的机会。

数字互动服务:推出在线互动剧情、粉丝专属演唱会观看资格、角色生日庆典等活动,让粉丝拥有参与感与独特体验。

线下体验与主题活动:举办IP主题展览或打卡活动,让粉丝有更多实际接触和产生情感共鸣的机会。

2. 挖掘IP数据价值

粉丝的消费行为与偏好数据是品牌发展的宝贵资产。通过数据分析,可以优化产品开发、提升运营效率,并为新IP的孵化提供依据。

精准营销:利用数据分析,准确了解粉丝需求,设计更受欢迎的周边。

库存管理优化:根据区域和粉丝需求变化,调整库存策略,避免产品积压、缺货。

新IP开发:通过对粉丝偏好和反馈数据的挖掘,为未来的角色设定、故事创作提供清晰方向。

融合金融属性与粉丝投资

近年来,NFT和数字藏品的兴起为二次元周边增加了金融资产的潜力。这种模式通过数字化和稀缺性吸引粉丝,但若管理不当,容易沦为炒作工具,既损伤粉丝体验,又损害品牌声誉。

1. 平衡投资与收藏

在开发NFT和数字藏品时,品牌应注重平衡其投资属性与收藏价值。

合理设计发行机制:控制发行数量与频率,避免因过度投机导致价格波动,影响粉丝对品牌的信任。

长线福利与社区权益:为数字藏品的持有者提供长期价值,例如,与线下活动绑定、提供参与策划的机会和专属社区福利。强调文化与情感价值,让粉丝感受到购买的不只是商品,更能产生很强的参与感。

2. 注重教育与沟通

数字资产市场复杂,粉丝需要明确其风险与价值。为此,品牌应该做好教育与沟通工作。

一是通过社区活动或相关媒体,向粉丝介绍NFT的基础知识和潜在风险,帮助他们理性参与。

二是做好信息披露,说明数字藏品的稀缺性、设计背景及未来可能享受的权益,减少不必要的猜测。

三是做好防伪与技术保障,使用区块链技术确保数字藏品的唯一性和真实性,同时避免伪造和侵权风险,进一步增加粉丝的信任感。

总之,通过结合服务化、数据分析及金融化创新,二次元品牌可以突破传统商业模式的限制,构建多元化的增值路径。这不仅能够吸引更多粉丝参与,也将进一步增强品牌的长期竞争力,让IP发展进入可持续的轨道。

后记
Afterword

我们生活在一个万物互联的时代，而谷子经济正是这种连接的具象化体现。它让曾经割裂的文化形式彼此融合，让不同地域、代际的消费者通过共同的兴趣找到彼此。在撰写过程中，作者不断思考一个问题：这些小小的谷子，为何能在今天的文化浪潮中掀起如此巨大的风暴？

情感是谷子经济的根基，是人类对故事、情感与归属感的深切需求。无论动漫中的角色，还是游戏中的世界观，它们都在提醒我们：在虚拟与现实之间，有一条流动的文化带，它不仅是消费行为的载体，更是情感交流与认同的桥梁。

这让我们想起在资料收集中遇到的一位朋友，她分享了自己参与一个同人创作项目的故事。那是一个小型的同人小说集，是她和几位未曾谋面的朋友通过网络协作完成的。从最初构想到最终印刷，他们用无数个深夜将自己的热爱化作具象的作品。她说，当她拿到成品的那一刻，感受到的不是物质的价值，而是一种情感的实现。这份情感正是谷子经济中最动人的部分，也是我们在写作时始终追寻的答案。

在撰写这本书的过程中，我们更清晰地看到文化与经济之间的边界是多么模糊，甚至可以说，它们本质上从未真正分离过。从早期的神话故事到今天的虚拟偶像，文化一直是经济活动的重要推动力。而如今的谷子经济更是将这一逻辑推向了极致：IP是文化的符号，商品是文化的载体，而粉丝则是文化与经济交汇的使者。

但是,这种交汇也充满了矛盾。情感与商业如何平衡?创作与盈利如何共存?这些问题始终伴随着谷子经济成长的每一步。在研究中,我们发现,无论成功的品牌,还是失败的尝试,关键都在于对消费者的尊重。尊重不只是迎合,更是理解。理解他们的情感诉求,理解他们的文化背景,理解他们对品质的期待,只有对消费者足够理解和尊重,谷子经济才会走上健康的发展道路,迎来更加光明的未来。